SABIDURÍA
PURA

SABIDURÍA PURA

Las cosas sencillas que transforman la vida cotidiana

DEAN CUNNINGHAM

SELECTOR®
actualidad editorial

Doctor Erazo 120, Col. Doctores, C.P. 06720, México, D.F.
Tel. (01 55) 51 34 05 70 • Fax (01 55) 51 34 05 91
Lada sin costo: 01 800 821 72 80

Título: SABIDURÍA PURA
Autor: Dean Cunningham
Traductora: Martha Elia Baranda Torres
Colección: Superación personal

Diseño de portada: Socorro Ramírez Gutiérrez

© Dean Cunningham 2011. Esta traducción de "Pure Wisdom - The Simple Things That Transform Everyday Life, 1a. Edición, se publica bajo acuerdo con Pearson Education Limited.

ISBN original: 0-273-74298-1

D.R. © Selector, S.A. de C.V., 2011
    Doctor Erazo 120, Col. Doctores,
    Del. Cuauhtémoc,
    C.P. 06720, México, D.F.

ISBN: 978-607-453-117-6

Primera edición: febrero 2012

Sistema de clasificación Melvil Dewey
131
C22
2012

Cunningham, Dean
Sabiduría pura / Dean Cunningham.–
Ciudad de México, México: Selector, 2012.

192 pp.

ISBN: 978-607-453-117-6

1. Psicología popular. 2. Éxito. 3. Conocimiento de si mismo.

**Características tipográficas aseguradas conforme a la ley.
Prohibida la reproducción parcial o total de la obra
sin autorización de los editores.
Impreso y encuadernado en México.**
Printed and bound in Mexico.

Para tres mujeres especiales en mi vida:
mi mamá, mi hermana y mi esposa

Índice

Agradecimientos 11

Introducción 13

PARTE UNO   LA ACTITUD ADECUADA

1. Equilibrio 19
2. Calma 22
3. Compromiso 25
4. Compasión 28
5. Confianza 30
6. Valor 33
7. Creatividad 35
8. Disciplina 38
9. Audacia 41
10. Flexibilidad 44
11. Agradecimiento 46
12. Honestidad 48
13. Minuciosidad 51
14. Conciencia 53
15. No hacer juicios 57
16. Mente abierta 60
17. Paciencia 63

18   Perseverancia   65

19   Respeto   67

20   Responsabilidad   69

PARTE DOS   LA PRÁCTICA CORRECTA

21   Actuar   75

22   Cambiar   78

23   Competir   81

24   Comprometerse   84

25   Decidir   86

26   Defenderse   88

27   Enfocarse   91

28   Perdonar   94

29   Dar   97

30   Dejar ir   99

31   Escuchar   102

32   Hacer una pausa   105

33   Planear   108

34   Jugar   111

35   Preguntar   113

36   Relajarse   116

37   Simplificar   119

38   Esforzarse   121

39   Confiar   123

40   Ganar   125

PARTE TRES   EL ENTENDIMIENTO CORRECTO

41   Conciencia   129

42   Control   132

43 Tranquilidad   135

44 Energía   138

45 Fe   141

46 Libertad   144

47 Metas   147

48 Salud   150

49 Alegría   153

50 Conocimiento   156

51 Suerte   159

52 Dominio   162

53 Desapego   164

54 Paz   167

55 Poder   170

56 Propósito   173

57 Éxito   175

58 Tiempo   177

59 Valores   180

60 Sabiduría   183

Acerca del autor   187

Agradecimientos

Gracias a los muchos maestros, familiares, amigos y enemigos que me han ayudado a aprender algunas lecciones importantes en la vida. También agradezco a la editora Rachael Stock por realizar la edición original del presente libro. Y a Selector por hacer posible la traducción al español.

Introducción

Sabiduría pura echa un vistazo a la vida más allá de la manera en que las cosas parecen ser.

La mayoría de nosotros rara vez miramos dos veces. El flujo de la vida nos atrapa. Vivimos deprisa y dedicamos poco tiempo a comprender lo que en verdad importa. Sin darnos cuenta, nos conformamos con la mediocridad, nos perdemos de lo importante y no vivimos la vida al máximo.

Este simple pero intuitivo libro nos ayuda a todos a ver las cosas de forma distinta. Revela aquello que con frecuencia pasamos por alto y que establece una diferencia en nuestra forma de experimentar el mundo y utiliza ese conocimiento con el fin de guiarnos para que vivamos una vida mejor y más satisfactoria.

La sabiduría no es un conjunto de secretos accesibles solo a la elite intelectual o a los más píos o devotos religiosos. Cada uno de nosotros ya muestra señales de ella en su vida. Este libro te ayudará a ver con claridad lo que haces cuando actúas con sabiduría. Armado con este conocimiento, te encontrarás en mejor posición para encender la sabiduría cuando más la necesites.

Sabiduría pura contiene principios fundamentales importantes que tienen el poder de transformar tu vida. Sin embargo, depende de tu capacidad para aplicarlos con destreza a cada situación o desafíos específicos. Cada capítulo te ayudará a desarrollar esa capacidad pero, como con cualquier actividad en la vida, la práctica promueve la mejora.

Entonces, ¿cuál es la fuente de la sabiduría en este libro? Es el producto de más de 1,000 años de sabiduría ancestral, extraída y aplicada a la vida moderna durante 30 años de entrenamiento en artes marciales, conversaciones con maestros, desafiantes experiencias de vida y lecciones aprendidas al desarrollar otras. Quizás algunas de las mayores lecciones que he aprendido me llegaron del karate. Es como un microcosmos de la vida y ofrece incontables lecciones para mejorarla.

El karate me ha enseñado que uno primero debe "ser" determinado tipo de persona, después "hacer" lo que uno tiene que hacer con el fin de "tener" lo que desea. La mayoría de la gente que practica este arte marcial lo entiende al revés: intenta "tener" más cosas (músculos, cintas, potencia o lo que sea) con el fin de "hacer" algo (combatir, ganar o impresionar a otras personas) para poder "ser" algo (ruda, intrépida o campeona). Sin embargo, para dominar el karate, el "ser" debe preceder al "hacer" y al "tener".

La vida es igual. La mayoría de la gente intenta "tener" más de algo (más dinero, más fama, más poder, más estatus), con el objetivo de "hacer" algo (comprar un automóvil más veloz, una casa más grande, otra casa), de manera que pueda "ser" algo (feliz, exitosa, enamorada). Sin embargo, para dominar la vida, una vez más, el "ser" debe preceder al "hacer".

Es por eso que este libro está organizado en tres partes (actitud adecuada, práctica adecuada y comprensión adecuada), cada una de las cuales contiene 20 capítulos acerca de las actitudes, características y conductas necesarias para transformar la vida cotidiana. Como verás, la actitud adecuada conduce a la práctica adecuada; la cual, por su parte, lleva a la comprensión adecuada y a tener las cosas más importantes de la vida: compasión, libertad, energía, paz, alegría y sabiduría, por nombrar solo algunas.

Y, por último, una advertencia...

La sabiduría está llena de contradicciones. En un momento decimos que "Muchas manos aligeran el trabajo". Y, sin embargo, en otro exclamamos que "Demasiados cocineros arruinan el caldo". Declaramos que "El amor se profundiza en la ausencia" y luego afirmamos: "Santo que no se ve, no se adora". Los sabios aprenden cómo conciliar estas contradicciones y muchas más. Por ejemplo, cuándo actuar y cuándo esperar; cuándo dar y cuándo tomar; cuándo quedarse y cuándo partir. Ellos saben que el secreto para una vida plena es una vida equilibrada. De hecho, la sabiduría comienza con el arte del equilibrio y, como coincidencia, también este libro empieza así.

PARTE UNO

La actitud adecuada

CAPÍTULO I

Equilibrio

Resulta cómico. Cuando obtenemos algo bueno, tendemos a pensar que todo en la vida tiene que ver con eso. Por ejemplo: conseguimos el empleo ideal y pensamos que la vida gira alrededor de ese empleo. Sentimos los beneficios de asistir al gimnasio y pensamos que toda nuestra vida es ese gimnasio. Notamos las reacciones positivas que generamos cuando nos cortamos el cabello y pensamos que la vida depende de nuestro peinado.

Sin embargo, para lograr un beneficio óptimo, todo lo que se hace en la vida tiene que tener un equilibrio, porque si asistes al gimnasio siete días a la semana, pronto te agotarás. Si trabajas 100 horas por semana, pronto estarás exhausto. Y si te cortas el cabello todos los días, pronto tendrás que usar peluca. En pocas palabras: para obtener lo máximo de la vida, se necesita tiempo para recuperarse y espacio para crecer.

> *Para obtener lo máximo de la vida,*
> *se necesita tiempo para recuperarse y espacio para crecer.*

En el karate detecto una falta de equilibrio todo el tiempo. La gente piensa que mientras más duro, rápido y largo sea su entrenamiento, mejor será. En cierto sentido hay algo de cierto en ello: hay que trabajar mucho para dominar una habilidad. No obstante, no hay que olvidar una lección fundamental: si se quiere avanzar con determinación, se necesita estabilidad. De niño, no pudiste aprender a andar en bicicleta sin ruedas auxiliares o sin una mano de apoyo.

Necesitaste equilibrio para avanzar. Lo mismo aplica para todas las áreas de la vida: sin equilibrio no hay progreso.

Pero no perdamos el equilibrio en cuanto a estar equilibrados. Ya sabes, a menudo se malinterpreta el concepto. La mayoría de la gente cree que existe un feliz punto medio desde el cual puede actuar todo el tiempo. Y, si no se encuentra en él, bueno, entonces piensa que hay algo que está haciendo mal. La realidad es que siempre estaremos dentro y fuera del equilibrio. Párate sobre un pie y notarás que debes hacer ajustes continuos para quedarte así. Lo mismo sucede con la vida: siempre tienes que hacer ajustes para permanecer donde deseas estar.

Entonces, en lugar de intentar equilibrar constantemente cada una de las áreas de tu vida, reconoce que, en ocasiones, algún asunto importante o algo bien hecho, demandarán tu atención por completo y te sacarán del equilibrio. A veces será un hijo demandante o una pareja infeliz, y tu trabajo lo resentirá. Otras veces será un proyecto importante, y deberás descuidar tu condición física y tus relaciones. Como verás, el equilibrio no es un estado constante. Siempre habrá momentos en que haya que inclinar las balanzas entre los compromisos y las pasiones.

Compréndelo: no hay nada de malo en que te permitas perder el equilibrio, siempre y cuando puedas recuperarlo. Solo ten cuidado de no estar fuera de equilibrio durante mucho tiempo; podrías olvidar la diferencia. Dicho de otra forma, demasiado de una cosa buena puede enfermar. Sin embargo, sentirse enfermo puede comenzar a parecer normal en poco tiempo.

Pero eso no es todo. El equilibrio no solo se refiere a la actividad; también se refiere a la actitud. Por ejemplo, una vida saludable requiere que equilibremos el deseo de cambiar con la aceptación de quienes somos ahora mismo.

Necesita que equilibremos el hecho de ser persistentes con la decisión de dejar ir. Además, requiere que equilibremos la autodisciplina con la libertad y la espontaneidad. En resumen, la clave para tener una vida mejor, más saludable y más exitosa es simple: equilibrio.

CAPÍTULO 2

Calma

La frase "¿Puedes calmarte?" detona la explosión. A muy pocas personas les gusta que les digan que se calmen, en especial cuando son presas de una emoción intensa. Esas palabras son mágicas. Tienen el poder de convertir unas cuantas llamaradas en un infierno. Sin embargo, incluso si no te agrada que te lo digan, existen importantes beneficios por permanecer tranquilo en situaciones emotivas. Y no es sorprendente que dichos beneficios puedan percibirse con más claridad en el conflicto.

Como demuestra habitualmente el karate, si un oponente logra irritarte, enojarte o enloquecerte, tendrá una ventaja. Como verás, los luchadores iracundos son luchadores tensos. Sus reacciones son más lentas y su mente se nubla a causa de las emociones. Por el contrario, los oponentes serenos tienen un aura intimidante. Su actitud imperturbable proyecta fortaleza y confianza. Es suficiente mirarles a los ojos para que uno dude de su propia capacidad.

La gente supone que nos tienen que hacer enojar mucho para combatir. No obstante, es justo lo contrario. En el karate se aprende pronto a perder el temperamento de forma permanente porque, al igual que ocurre cuando uno está relajado, mantener la calma brinda una posición neutral desde la cual se puede pensar y actuar. Se ve con más claridad, se actúa con mayor rapidez y uno se convierte en un oponente más formidable. Sin embargo, estar tranquilo no solo se refiere a la manera de ganar un combate. También existen beneficios para la vida diaria.

Por ejemplo, cuando alguien es capaz de permanecer en calma durante episodios afectivos, es menos probable que exagere y cause un perjuicio innecesario a sus relaciones. No te equivoques: las emociones fuertes no tienen nada de malo; es tu respuesta a ellas lo que cuenta. Por ejemplo, si estás enojado, puedes elegir estar consciente del sentimiento de ira, dejarlo pasar y decidir cómo responder cuando te encuentres en un estado mental más claro, en lugar de ser reactivo y perder el control.

¿Cómo? Reconoce la emoción. Puedes decirte "Estoy enojado" y luego presta atención a las sensaciones corporales que se presentan con ella. Si tu mente divaga, llévala de regreso a tu cuerpo. Esta práctica, por sí misma, tiene el poder de reducir la fuerza de la emoción. Y en el espacio de calma que esta práctica crea, tendrás menos probabilidades de reaccionar de forma exagerada. Más aún, no tendrás necesidad de negar tus sentimientos o de dejarlos en tu interior, donde podrían acumularse.

Si pierdes la cabeza, no podrás utilizarla.

Una mente serena resulta útil también durante una crisis. Es como encontrarse en el ojo de un huracán, donde los fuertes vientos que te rodean no pueden tocarte. Desde esta posición, uno puede ver con claridad el asunto y tomar mejores decisiones. Suena obvio pero, si pierdes la cabeza, no podrás utilizarla. Por tanto, aprende a mantener la calma bajo presión. Estoy consciente de que para algunas personas es más fácil adoptar esta forma de ser. Algunos tipos de personalidad están mejor dispuestos para la calma que otros. No obstante, todos podemos mejorar sin importar en qué escala nos encontremos.

Compréndelo: no necesitas que tu emoción te arrastre. Quédate quieto y permite que se desarrolle. No tienes que juzgarla. Solo reconócela y observa cómo pasa. Y en el espacio de calma que generes, tu acción será la acción más apropiada. No será una reacción.

CAPÍTULO 3

Compromiso

Para algunas personas, "compromiso" es una palabra aterradora. Les evoca el temor a verse atascadas en una mala relación o atrapadas en un empleo insatisfactorio. Sin embargo, el compromiso es mucho más que un salario extraordinario o una alianza de platino.

Verás, para obtener cualquier logro significativo en la vida se necesita compromiso. Como un atleta profesional, tienes que decidir que quieres ser la mejor versión de ti mismo, esforzarte al máximo y convertir en prioridad el propósito de ser mejor. Con sol o con lluvia, los atletas cumplen. Si se sienten cansados, cumplen. Si prefieren hacer otra cosa ese día en particular, de todos modos se presentan.

Los atletas comprenden que el compromiso no garantiza el éxito; pero, sin él, quizá no podrían pasar de la línea de salida, por no hablar de que terminaran la carrera. Por tanto, cuando entrenan, lo hacen con compromiso. Se mantienen concentrados. Están allí por un motivo. Dan todo lo que tienen porque saben que, si no se comprometen, se encontrarán en desventaja. Lo mismo ocurre en la vida. Sin compromiso, no hay progreso y tampoco resultados.

Es probable que tengas un sueño o una meta pero, ¿te sientes comprometido? El compromiso es un motivador interno y una determinación para completar tu meta.

No es algo que puedas fabricar. Está o no está y depende del valor que uno le otorgue a su meta. Si no es tan importante para ti, no te comprometerás. Lo mismo sucede con los empleos y con las relaciones. Si no los valoras, no permanecerás en ellos durante mucho tiempo. Entonces, si te esfuerzas en comprometerte con otra persona, posición o camino, pregúntate: "¿Estoy seguro de que esto es lo que quiero de verdad?". Si no lo estás, no pierdas tu tiempo.

En caso de que sí sea lo que quieres pero aún tengas dificultades para comprometerte, entonces no estás solo. Para algunas personas resulta complicado comprometerse con lo que sea. Si este es tu caso, intenta comprender la razón subyacente. Entra en contacto con los sentimientos y sensaciones que te retienen. ¿Temes ser rechazado, lastimado o limitado? ¿Son racionales tus pensamientos? Recuerda: el compromiso proviene del corazón y no de la cabeza o de otro ser humano. Por tanto, no permitas que los pensamientos irracionales u otras personas te retengan. Solo tú sabes lo que es importante para ti, y tú eres el único que debe decidir tus compromisos. Si no lo sientes, es muy fácil que las tentaciones te distraigan: una copa, un vestido, un postre o cualquier otra cosa. Entonces, sigue a tu corazón.

Cuando estás comprometido no hay atajos ni senderos fáciles. No te permites una vía de salida.

Cuando estás comprometido no hay atajos ni senderos fáciles. No te permites una vía de salida. Es como una montaña rusa: una vez que te subiste, ya te subiste. Tienes que permanecer allí hasta el final. Hace falta resistencia y determinación para honrar tu compromiso. Sin embargo, eso es justo lo que convierte un sueño en una realidad.

Compréndelo: los compromisos siempre deben ser realistas y alcanzables, así que no seas demasiado ambicioso. Comienza despacio. Increméntalos poco a poco. Pronto desarrollarás una rutina o hábito y se convertirán en una manera de vivir.

CAPÍTULO 4

Compasión

A la mayoría de nosotros nos ha ocurrido. Alguien dice algo que de verdad nos lastima y, antes de razonarlo, ya hemos devuelto el golpe. O eso, o nos alejamos para escondernos en un rincón. Ira o ansiedad; luchar o huir. Todo se reduce a los instintos básicos. Cuando la mayoría de la gente siente que alguien la ataca (y puede ser en términos emocionales, verbales o físicos), devuelve el ataque o huye. Es una respuesta muy arraigada. No obstante, una respuesta más evolucionada sería mostrar compasión.

> *La mayoría de la gente está lastimada y lo que necesita es sanar, no más golpes.*

La mayoría de las personas que conoces están inmersas en una batalla difícil. Luchan contra empleos estresantes, trabajos insatisfactorios, relaciones complicadas, problemas financieros o salud débil. Muy pocos vamos por la vida sin enfrentar una dificultad importante. La mayoría de la gente está lastimada y, enfrentémoslo, la gente lastimada lastima a otra gente. Por tanto, sé compasivo. Lo que necesitan es sanar, no más golpes. Resulta difícil, lo sé; en especial cuando la persona con quien deseaste ser amable te ha herido. Sin embargo, recuerda que la compasión es la capacidad de tratar a la gente mejor que lo que (según tú) se merece.

Pero no me malinterpretes. No quiero decir que debas soportar abusos. Si alguien te ataca, defiéndete. Amabilidad no significa debilidad. Por tanto, toma las medidas apropiadas pero sé compasivo. Creo que la palabra clave aquí es "apropiada" porque si (en términos figurativos) puedes advertir a un agresor con mano firme, ¿para qué utilizar el puño?

Eso no es todo. Debes comprender lo siguiente: la amabilidad genera amabilidad. Tomemos las vacaciones como ejemplo. Cuando estamos relajados y de vacaciones, nos volvemos más amigables y más generosos. Y con mucha frecuencia, los locales son recíprocos a nuestra amabilidad y generosidad. Partimos de allí con opiniones grandiosas acerca de las personas de ese país que visitamos y nos preguntamos por qué la gente no es igual en nuestro lugar de residencia. Pero no somos conscientes de la función que nosotros desempeñamos en el trato que recibimos. La vida en casa puede ser también como unas vacaciones si aprendemos a ser amables, amistosos y cálidos.

Y, recuerda, la compasión hacia los demás comienza con la compasión hacia ti mismo. Por tanto, habla contigo mismo de manera cariñosa. Sé amable contigo. Trátate con el mismo cuidado y atención que esperas recibir de otras personas. Y cuando hayas dominado esa etapa, extiende tu amabilidad a los individuos que te importan, a los que te dan igual y a los que no puedes soportar.

CAPÍTULO 5

Confianza

Con frecuencia se nos dice que aspiremos a lo alto; sin embargo, a menudo establecemos metas que son demasiado difíciles, en lugar de que sean fáciles. El problema es que, si la meta queda fuera de nuestras posibilidades o fracasamos continuamente, desgastamos nuestra confianza. La solución típica es establecer metas que nos obliguen a crecer pero que sean alcanzables. Por ejemplo: si sabemos que solo podemos realizar 10 "lagartijas", no tendría sentido establecer la meta de hacer 20. Por tanto, establecemos una meta que podamos cumplir (digamos 11) con la esperanza de que nuestra confianza se beneficie con el éxito. Parece una idea sensata. Sin embargo, como verás, el éxito no es la mejor manera de construir la confianza.

La confianza es contagiosa.

Observar el buen desempeño de los demás también puede desarrollar tu confianza. Con el fin de mejorar mis técnicas de karate, he dedicado muchas horas a observar grabaciones en video de los campeones mundiales. Ver a los mejores en acción es una brillante fuente de inspiración. Por tanto, si quieres tener más confianza y seguridad en ti mismo (por ejemplo, para hablar en público, conocer personas o enfrentar a un oponente) observa a los demás y cópiales. La confianza es contagiosa.

Agrega persuasión verbal a la experiencia indirecta y pronto te encontrarás en camino hacia una actitud más decisiva y determinada. Como puedes ver, las palabras tienen el poder de dar confianza. Observa cualquier evento deportivo importante y verás lo que quiero decir. Los atletas siempre se hablan a sí mismos. Maldicen cuando las cosas marchan mal y gritan con júbilo cuando todo ocurre de acuerdo con sus deseos. Tú también puedes utilizar esta técnica. El truco es encontrar las palabras y las frases que funcionen para ti. Las afirmaciones que evocan emociones positivas son las mejores. Por tanto, si "no puedo permitirme fallar" te pone nervioso y ansioso, entonces intenta algo distinto, como "apégate al plan, esfuérzate al máximo y todo saldrá bien".

Si estas instrucciones, paso a paso, aún no son suficientes para incrementar tus niveles de confianza, entonces quizá necesites comprender mejor quién eres. Permíteme explicarme. Para la mayoría de nosotros, la confianza se desarrolla sobre resultados exitosos. Así que, cuando fracasamos en algo importante, tendemos a equiparar este fracaso con nuestro fracaso como personas. Perdemos confianza. Y eso se debe a que pensamos que nuestra conducta nos define. Sin embargo, no es así. Obsérvate con más detenimiento y notarás que estás conformado por una serie de aspectos. Sí, tú eres tu conducta; pero también eres tus pensamientos, sentimientos, características, recuerdos y partes corporales. Y ninguno de ellos es permanente. Ni siquiera tus recuerdos son consistentes. La persona que eres se encuentra en cambio constante. Por tanto, ¿tiene sentido juzgarte a ti mismo como fracaso con una medida tan estrecha? Yo creo que no.

En cualquier caso, si tu confianza se desarrolla sobre la base de tus acciones y los resultados consecuentes (un título, una certificación, un cónyuge o cualquier otro premio), entonces se yergue sobre un suelo vacilante. Como verás, la confianza no tiene nada que ver con ser exitoso. La confianza genuina se desarrolla sobre el hecho de saber que tú eres como cualquier otro ser humano sobre este planeta: falible, único y en cambio constante. Desde luego, algunas partes de quien eres pueden ser diferentes, mejores o peores que las de otro individuo. Por ejemplo, quizá tú seas mejor cocinero; el otro puede ser mejor profesor. Tal vez tú seas muy bueno para escuchar; el otro puede dominar muy bien las palabras. Pero eso no te hace superior o inferior al otro.

> *La confianza genuina se desarrolla sobre el hecho de saber que eres falible, único y en cambio constante.*

Compréndelo: la confianza genuina no solo se fundamenta en el éxito. Y no puede debilitarse por circunstancias externas (tu aspecto, fracasos, errores o la opinión de otras personas). Entonces, acéptate de manera incondicional y tu confianza será tan firme como el suelo que pisas.

CAPÍTULO 6

Valor

Para aprender karate, en algún momento hay que combatir contra una persona real. No es un combate para mantenerte en forma sino para golpear. Entonces, tarde o temprano hay que confrontar el temor a que te lastimen.

Enfrentémoslo: la gente no quiere que la lastimen. Sin embargo, en el karate no puedes permitir que ese temor te detenga. Tienes que avanzar y golpear. Así que aprendes a controlar el miedo: desarrollas un plan de acción, sabes con exactitud lo que harás si tu oponente contraataca y avanzas hacia aquello que temes. Si no lo haces, te das por vencido. No obstante, darse por vencido no es una opción real. No si tu plan es obtener una cinta negra o dominar tu arte.

Imagina si te hubieras dado por vencido cuando aprendiste a caminar porque temías caer y darte un buen golpe. Piensa en lo limitada que sería tu vida y en las experiencias que te hubieras perdido. Suena ridículo, lo sé. Lo extraño es que la gente se da por vencida todo el tiempo porque teme que el fracaso, la crítica o el rechazo la golpeen. No obstante, una vida exitosa está llena de incontables rechazos, críticas y fracasos. Cuando aún usabas pañales, cada intento que hiciste para caminar condujo a un fracaso. Tú no eras consciente de ello en esa época; sin embargo, cada resultado te brindó la realimentación que necesitaste para aprender a caminar. Cada fracaso te llevó un paso más cerca de vivir una vida con mayor plenitud.

La vida está llena de riesgos. Por tanto, para lograr cualquier propósito que valga la pena, siempre tendrás algo que temer. En el karate aprendes pronto a abandonar la búsqueda de la seguridad completa. Sin importar lo cuidadoso que seas en la práctica, siempre acabarás con un ojo morado o un golpe en el dedo del pie. La vida es igual: sin importar lo bien que planees, la vida te presenta una sucesión continua de problemas, decepciones y obstáculos. El único momento en que encontrarás una seguridad real en este mundo es cuando estés sepultado tres metros bajo tierra.

Todo el mundo teme algo; incluso los cinta negra del karate. Sin embargo, nadie tiene que saber que tienes miedo. En un combate real, si tu oponente huele sangre, pronto la lamerás de tu labio superior. Por tanto, mantén tus temores ocultos pero comparte tu valor con las demás personas. Entiéndelo bien: el valor no es la ausencia del miedo, sino su conquista.

> *El valor no es la ausencia del miedo sino su conquista.*

Compréndelo: la vida te presentará lecciones y estas nunca se acabarán. Así que no te quejes, no des excusas ni desees que, de alguna manera, las cosas sean más fáciles o seguras. Busca la lección y que no te atemorice salir lastimado: justo allí es donde se encuentra la enseñanza fundamental. Está bien ser precavido pero recuerda: ni siquiera una tortuga llega a algún sitio si no saca la cabeza del caparazón.

CAPÍTULO 7

Creatividad

Para resolver cualquier problema en la vida tienes que ser creativo; porque, como dice el viejo refrán: "Si siempre haces lo mismo, siempre obtendrás el mismo resultado". Sin embargo, ser creativo puede ser una tarea intimidante. Entrega a la mayoría de la gente una hoja de papel en blanco, en sentido figurativo o real, para dar inicio al proceso creativo y terminará con la mente en blanco. No obstante, ser creativo no significa necesariamente producir ideas originales. De hecho, la mayoría de las ideas nuevas son combinaciones de otras antiguas con envoltorios novedosos. La buena noticia es que existen algunas preguntas útiles que pueden ayudarte a generar ideas que transformen tu vida. Pero antes de compartirlas contigo, permíteme decir lo siguiente:

A menudo fallamos al resolver problemas porque no logramos pensar de manera diferente: nuestras acciones y maneras habituales de pensar limitan la creatividad. No obstante, para tener una vida más plena, tenemos que liberarnos de nuestras maneras de hacer las cosas. Hay que observar la vida desde ángulos distintos. En cierto sentido, necesitamos crecer. Verás, cuando éramos niños aprendimos a comportarnos al copiar a quienes nos rodeaban. Como adultos también copiamos a los demás para aprender nuevas habilidades. Sin embargo, llegamos a un punto en nuestro desarrollo en el cual debemos dejar de copiar.

Como me dijo un maestro japonés en cierta ocasión: "Para dominar el karate, primero debes imitar a tu instructor. Pero en algún momento debes ir más allá de lo que se te ha enseñado y crear tus propias técnicas". La imitación es necesaria en las primeras etapas del aprendizaje, pero carece de creatividad. En algún momento debemos trascender en lo que conocemos y desarrollar nuestro propio arte. Esa es la manera de crecer. En esencia, las técnicas son las piedras de paso hacia un lugar donde podemos ser creativos. Cuando llegamos a ese lugar en el karate, nuestra actividad deja de ser una ciencia para transformarse en un arte.

> *Llegamos a un punto en nuestro desarrollo en el cual debemos liberarnos de copiar.*

Lo mismo sucede con la vida: aprendemos maneras de vivir que sirven a determinado propósito en nuestras primeras etapas; pero cuando nos encontramos en situaciones nuevas, las viejas conductas tienden a no funcionar. Llega un momento en el cual debemos desechar el método antiguo, avanzar, adoptar nuevas conductas y alcanzar nuevas alturas. Esta es la manera.

Primero, tienes que saber qué es lo que deseas; es decir, el resultado final. Las preguntas críticas son "¿Qué es lo que quiero crear?" y "¿Qué es lo que quiero que suceda?". A continuación debes saber lo que existe en la realidad. Pregúntate, "¿Cuál es mi situación actual?" y "¿Qué es lo que sucede ahora?". Es entonces cuando tienes que ser creativo. Te garantizo que las siguientes preguntas harán fluir tu creatividad: "¿Qué haría una persona a quien admiro en esta situación?", "¿De qué otra manera podría una persona enfrentar esto?", "¿Qué medidas proactivas puedo tomar?", "¿Qué haría yo si superara el miedo?". Después, cuando hayas explorado suficientes opciones, elige una y ponte en marcha.

Una vez que hayas movilizado tus músculos creativos, las ideas llegarán de forma natural y fluida. Sin embargo, la clave estriba en captar todas las ideas buenas y utilizarlas. Recuérdalo: la perspicacia es inútil sin acción.

CAPÍTULO 8

Disciplina

Todos hemos recibido un maravilloso regalo en la vida: nuestro libre albedrío. Yo lo concibo como sinónimo de timón. Es el libre albedrío lo que define el curso hacia donde deseamos viajar en la vida; nuestro libre albedrío para tomar decisiones y tomar diferentes caminos; el libre albedrío para adoptar un papel activo y no pasivo en nuestra trayectoria.

Sin embargo, para la mayoría de nosotros es como si nos quedáramos dormidos al volante, en piloto automático, y permitiéramos que nuestro mapa programado, el cual está conformado por las acciones habituales, nos guiara hacia los mismos sitios, incluso cuando ya no queremos ir allí. En cierto sentido, hemos perdido el control de nuestro timón: permanecemos en el mismo viejo empleo que aborrecemos o nos inscribimos a gimnasios con la intención de ponernos en forma pero nunca asistimos. No obstante, para cumplir tus sueños necesitas recuperar el control de tu timón, sostenerlo con firmeza entre tus manos y conducir tu vida hacia la dirección que elijas.

La disciplina es aquello que separa el lugar donde nos encontramos ahora del lugar donde queremos estar.

DISCIPLINA

Hace falta disciplina, o "fuerza de voluntad", para superar nuestra conducta habitual. En los deportes, es lo que separa a un aficionado de un profesional. En la vida, es aquello que separa el lugar donde nos encontramos ahora del lugar donde queremos estar.

La mayoría de la gente define la disciplina como "control" (es decir, que una autoridad le indique lo que debe hacer), "castigo" (esto es, someterse a un plan de evaluación de desempeño en el trabajo) o "privación" (es decir, rehusar una copa de vino en la cena). Sin embargo, no siempre se nos impone la disciplina. En ocasiones se trata de una herramienta que utilizamos para obtener lo que deseamos. De hecho, a diario todos demostramos tenerla: cepillamos nuestros dientes, nos bañamos y partimos al trabajo. Después regresamos a casa, nos desparramamos frente al televisor y hacemos un disciplinado esfuerzo por seguir nuestro programa favorito.

Resulta claro que todos tenemos cierto grado de disciplina, pero la mayoría de nosotros necesitamos desarrollarla para alcanzar nuestras metas más significativas. Es equivalente a tratar de fortalecer un músculo. Es cuestión de usarlo o perderlo. Si se usa con frecuencia, el músculo se vuelve más fuerte. Si no recibe atención, se torna tan inútil como uno debilitado que ha permanecido cubierto por una férula de plástico durante un mes.

Esto puede sonar obvio pero lo que la mayoría de la gente no logra comprender es que, cuando establecemos metas, tendemos a dar un entusiasta salto hacia nuestra nueva manera de vivir. Es como intentar levantar las pesas más pesadas del gimnasio en la primera visita. Los músculos sin condición física adecuada no podrían soportar ese peso. De igual manera, la disciplina no condicionada se derrumbará bajo el peso de nuestros compromisos. Entonces, si deseas alimentarte de manera más saludable, por ejemplo, comienza por realizar pequeños cambios en tu dieta en lugar de precipitarte a nada de sal, nada de azúcar y nada de cafeína.

Al igual que cuando ejercitamos un músculo, lo que necesitamos hacer es comenzar con inteligencia, realizar una tarea a la vez, persistir hasta superar la incomodidad inicial, incrementar poco a poco el desafío y reconocer nuestras mejoras graduales. Así es como se cultiva la disciplina.

CAPÍTULO 9

Audacia

En inglés, la palabra *fear* ("temor") forma un acróstico: *False Evidence Appearing Real* ("falsa evidencia de apariencia real"). Se menciona con frecuencia para ayudar a la gente a desvanecer sus temores imaginarios. A pesar de ser una interpretación inteligente y creativa, con frecuencia este acróstico es mal entendido a la hora de aplicarlo. Permíteme explicarme.

En esencia existen dos tipos de temores. Uno es la sensación que percibimos cuando algo nos amenaza a nivel físico. Es la que percibimos cuando un automóvil está a punto de atropellarnos al cruzar una calle. Es el tipo de temor que nos grita: corre, esquiva, agáchate o sal del camino. Está claro que no hay nada de imaginario en ello y que el acróstico no es necesario.

El otro tipo de temor está en nuestra mente. Son los pensamientos a los que nos aferramos acerca de lo que podría suceder en el futuro, basados en nuestra imaginación o en experiencias del pasado. Este es el tipo de temor al cual se refiere el acróstico.

El problema es que la gente a menudo interpreta el acróstico de la siguiente manera: si el temor no es una amenaza física inmediata, no es real. Sin embargo, yo no estoy de acuerdo. La función del temor es impedir que te lastimes. Te advierte sobre el peligro a varios meses de distancia, a la vuelta de la esquina o justo en tu cara. Por ejemplo, si voy a combatir en un torneo de karate la siguiente semana y sé que tengo deficiencias en mi defensa, desde luego que voy a sentir temor. En especial cuando está en riesgo la simetría de mi nariz. De hecho, es probable que me retire de la competencia o que trabaje en mis habilidades de bloqueo. El temor al futuro es útil, incluso saludable, pues te motiva a tomar medidas.

Como puedes ver, el miedo no es el problema, sino el pensamiento que hay detrás. Por ejemplo, si cada vez que abordas un ascensor te preocupa que se quede atorado, incluso si no cuentas con evidencia alguna que lo demuestre, no es saludable. Aguarda un minuto: me retracto. Puede resultar saludable si optas por subir por las escaleras. No obstante, resultaría poco práctico si debes subir 30 pisos.

Ya en serio, es importante que comprendas bien que no nos referimos aquí a ser intrépidos. El punto es que tenemos que descubrir el pensamiento detrás del temor y después evaluar la evidencia. Si esta es falsa, entonces también lo es el miedo.

> *No tenemos que ser intrépidos.*
> *Solo debemos temer menos.*

Aún hay más. En ocasiones tememos a lo desconocido o imaginamos que las cosas serán peores que lo que resultan ser. No obstante, una vez más, lo anterior no significa que debamos ser intrépidos. Una cantidad adecuada de temor es conveniente. Te obliga a moverte. Te invita a elegir de manera distinta. Incluso puede hacer que subas un tramo de escaleras. Sin embargo, cuando el temor es inoportuno y nos aferramos a él con ambas manos, es cuando se convierte en un problema, pues pierde su impacto motivador. Te mantiene atorado en lugar de mantenerte a salvo.

Pero ahora supongo que te dices: "Este capítulo no se refiere a ser intrépido". Y tienes razón. No se refiere a ello. El miedo es una emoción tan poderosa que intentar liberarte de ella sería una pérdida de tiempo. Ni siquiera un acróstico inteligente, como el del principio, sería de mucha ayuda para ese propósito. Yo no soy un guerrero intrépido. Nunca lo fui y nunca lo seré. Y no me preocupa serlo. De hecho, el karate enseña que no tenemos que ser intrépidos. Solo debemos temer menos.

¿Cómo? Escucha al miedo. Aprende la lección. Realiza la acción apropiada. Después déjalo ir y supéralo.

CAPÍTULO 10

Flexibilidad

En karate, hacer *splits* es una manera común de demostrar flexibilidad. Para algunos novatos es una meta que ofrece la motivación necesaria para el entrenamiento. Sin duda, los *splits* son una señal de brillante movilidad y de músculos ágiles. Ambos conceptos son importantes para ejecutar las técnicas de karate. Sin embargo, la flexibilidad es mucho más que estirar las piernas. La flexibilidad protege al cuerpo. Es saludable. Si los músculos están tensos y rígidos, se vuelven susceptibles de sufrir desgarres y dolor crónico. Así que merece la pena mantenerlos flexibles.

No obstante, el karate no solo se refiere a la flexibilidad física. La flexibilidad mental también es importante. Como verás, en un combate la mente tiene que ser fluida y capaz de elaborar una respuesta. Una mente tensa y rígida te pondría en una desventaja importante. En la vida, una mente fija y obstinada también tiene sus riesgos. Cuando es inflexible, se desequilibra y se vuelve vulnerable al dolor emocional. Por tanto, merece la pena mantenerla flexible.

El problema es que, cuando se trata de nuestras preferencias en la vida, tendemos a adoptar una postura rígida. Perdemos nuestra flexibilidad y terminamos lastimados. Sin embargo, para tener una mejor salud emocional, tenemos que ser capaces de responder a la vida y a los cambios que nos demanda, incluso si eso significa renunciar a nuestros deseos y preferencias. Por ejemplo, la mayoría de la gente cree que la vida no debería ser dolorosa.

No obstante, una actitud más flexible podría ser: "Sería grandioso que nunca hubiera dolor, pero este es una parte inevitable de la vida humana". He aquí otro ejemplo: muchas personas creen que merecen recompensas por su arduo trabajo o por su buena conducta. Si flexibilizas esa idea, obtendrás "La vida no siempre es justa. En ocasiones aportas tu esfuerzo y no obtienes lo que deseas". Podría continuar pero estoy seguro de que ya comprendiste la idea.

> *Tenemos que ser capaces de responder a la vida y a los cambios que nos demanda.*

La conclusión es que tenemos que determinar cuándo es sabio cambiar de opinión y renunciar a nuestras preferencias e ideas fijas. La buena noticia es que el idioma está lleno de claves. Si expresas un "debería" o un "debo" absoluto, entonces es una clara señal de una postura rígida. Para relajarte, ábrete a la posibilidad de que las cosas no resulten de la manera que prefieres o busca nuevos enfoques. Entonces, si descubres que dices: "Así es como 'debería' hacerse", tómalo como clave para reflexionar: "Me pregunto qué otros puntos de vista podría considerar y cuál podría funcionar mejor". Aprende a moverte con el flujo de la vida. Considera la posibilidad de cambiar tu opinión y ábrirte a nuevas oportunidades. Así es como puedes ser flexible.

CAPÍTULO 11

Agradecimiento

La mayoría de nosotros nos criamos con padres que nos enseñaron a ser agradecidos. Nos dijeron que agradeciéramos los alimentos sobre la mesa, el techo sobre nuestras cabezas y nuestra buena salud. En tu infancia, es probable que no prestaras demasiada atención a la gratitud. Sé que yo no lo hice. Si quería comprarme el último par de tenis, las frases de "deberías agradecer que tienes tenis que ponerte" o "piensa en las personas que no tienen pies" no tenían demasiado impacto como para que yo comprendiera totalmente la idea.

Aunque por supuesto que yo tenía la suficiente empatía como para sentir pena por una persona que no tuviera pies, en mi mundo no me había encontrado con suficientes personas en esas condiciones como para que me diera cuenta de lo afortunado que era por contar con los míos. Era raro que yo percibiera sus frustraciones o que sintiera su dolor. Así que esos razonamientos no funcionaban para mí. Yo daba por hecho que tenía pies. Sin embargo, yo aún quería un nuevo par de tenis.

Ahora que comprendo mejor cómo funciona la mente, puedo ver la importancia de ser agradecido. Verás, cuando agradeces algo, concentras tu atención en ello. Y, como ahora sé, lo que concentra tu atención condiciona tu pensamiento, crea tus percepciones y controla tu experiencia de la realidad. Desde esta perspectiva, una actitud de agradecimiento verdaderamente tiene sentido pues mantiene tu atención más centrada en lo que tienes y menos en lo que deseas.

Cuando te acostumbras a fijar tu atención en lo que tienes, la vida se vuelve plena y tú te sientes satisfecho.

*Cuando agradeces algo,
concentras tu atención en ello.*

Con frecuencia no utilizamos por completo las cosas que tenemos. Perseguimos sin cesar lo nuevo, incluso cuando lo que poseemos no requiere reemplazo. Pero eso no nos importa. Debemos tener lo último, lo nuevo y lo mejor. No obstante, si no disfrutamos lo que ya tenemos, ¿cómo se nos ocurre pensar que seremos más felices con más?

Ser agradecidos no solo se refiere a las cosas materiales. Tenemos que serlo también con las situaciones de la vida. En el karate se nos entrena para mostrar nuestra gratitud con regularidad. Después de cada actividad con un compañero u oponente, hacemos una reverencia y decimos "gracias" en japonés. Visto desde fuera, debe ser extraño ver que una persona agradezca a su oponente por una buena paliza. Me sacaste todo el aire. Gracias. Gracias por mi labio reventado. Suena a locura. Sin embargo, aprendemos a ser agradecidos en las buenas y en las malas. Los combates duros elevan nuestro nivel. Igual sucede con la vida. En sentido un poco perverso, debemos ser agradecidos por los tiempos difíciles que se nos presenten pues sacan a relucir lo mejor de nosotros.

CAPÍTULO 12

Honestidad

¿Mientes? Enfrentémoslo: todos lo hacemos. Quizá no digamos mentiras evidentes, pero sí distorsionamos ligeramente la verdad, a lo largo del día y todos los días. Para muchas personas, las mentiras blancas son aceptables, pero las evidentes, ¡de ninguna manera! Resulta claro que existen algunas buenas razones para ocultar la verdad; sin embargo, con más frecuencia existen mejores razones para ser honestos.

> *Está claro que hay buenas razones para ocultar la verdad; sin embargo, con más frecuencia existen mejores razones para ser honestos.*

Ser descubiertos es una obvia desventaja de la mentira. Sin embargo, existen muchas otras razones prudentes para no mentir. Por ejemplo, no tienes que cubrir tus evidencias, ya que taparlas constantemente consume tu energía. Además, una vez que estableces una reputación como persona que dice la verdad, la gente te escuchará porque sabe que puede confiar en ti. Sin embargo, cuando puedes admitir que te has equivocado y asumes tus errores, es difícil que la otra persona te critique. Obtienes mucho respeto por ser honesto.

Sin duda, existen muchas personas que escalan las colinas del éxito a lomos de la deshonestidad. No obstante, con frecuencia son descubiertas.

Y mientras más alto suban, más fuerte es su caída y, por lo general, jalan a otros al caer.

Entonces, ¿por qué mentimos? La mentira inicia en la infancia como un mecanismo de defensa ante las figuras de autoridad, quienes suelen ser intimidantes. Los profesores preguntan: "¿Hiciste la tarea?". Nosotros respondemos: "Uh, sí, claro que la hice pero la olvidé en mi casa". Después, como adultos, si un oficial de policía nos pregunta: "¿Sabe a qué velocidad conducía?", respondemos: "Calculo que a poco más de 60 kilómetros por hora". Y cuando nos informa que conducíamos a una velocidad superior al límite, afirmamos: "No sabía que fuera tan rápido".

A menudo mentimos porque tememos a las consecuencias de decir la verdad. O en ocasiones somos deshonestos porque creemos que la verdad lastimará a otras personas. Pero, ¿cómo te sientes cuando sabes que alguien te miente? La mayoría de las personas prefiere que le hablen con la verdad. Todos respetamos a las personas honestas. Decir la verdad, en términos tácticos, desarrolla mejores relaciones que la mentira y la ocultación o distorsión de los hechos.

La honestidad comienza aquí mismo... contigo. Sin embargo, es sorprendente lo difícil que resulta aceptar la verdad acerca de uno mismo. ¿Eres honesto contigo mismo? Quiero decir, en verdad honesto. ¿Cómo enfrentas la realimentación? ¿Te pones a la defensiva? Y si eres honesto contigo mismo, ¿eres capaz de decir esa verdad sobre ti a otro individuo? ¿Cómo enfrentas los elogios? ¿Te muestras en desacuerdo o expresas gratitud? ¿Eres capaz de admitir tus errores? Cuando te comentan una de tus debilidades, ¿puedes expresar agradecimiento al mensajero y comunicar un entusiasmo genuino por efectuar algún cambio?

Pero eso no es todo en cuanto a ser honestos. ¿Dices a los demás lo que crees que desean escuchar o la verdad? La realimentación honesta es un regalo, si tus intenciones son las adecuadas. Pero ten tacto. Decir las cosas tal como son puede resultar contraproducente.

> *Cuando dudes, di la verdad.*

La meta por excelencia es nunca mentir. Pero, desde luego, existen momentos cuando no sería profesional o discreto revelarlo todo. Sin embargo, frases como: "No puedo discutir ese tema en este momento. Cuando pueda hacerlo, lo haré" o "Lo lamento, no me siento cómodo hablando de este tema", refuerzan tu integridad. Aprópiate de este lema: "Cuando dudes, di la verdad". Es simple pero tendrá un impacto favorable en tu vida.

CAPÍTULO 13

Minuciosidad

Ser meticuloso es prestar atención a los pequeños detalles. Como me dijo en una ocasión un gran campeón mundial de karate muy exitoso, la atención al detalle es lo que le separaba del resto. Las personas exitosas en muchos senderos de la vida comprenden la importancia de los detalles. Ellas saben que las mayores diferencias surgen de hacer muchas diferencias pequeñas; es decir, de los detalles.

Enfócate en los pequeños detalles durante el ejercicio físico y te sorprenderá la rapidez con la cual te sientes exhausto. Es difícil. Sin embargo, ejercitarte de esta manera te conduce a grandes avances. En unas cuantas sesiones breves, comienzas a ver cómo mejora tu desempeño general. En un sentido real, cuando sudas por las pequeñas cosas, engrandeces las grandes.

En el karate, los detalles son importantes. Cuando entrenamos, enfocamos nuestra atención en cada movimiento. Buscamos efectuar cada técnica con cuidado y atención. Los maestros de este arte conocen el valor de hacer las cosas de forma meticulosa hasta completarlas. Tienen ansias de perfección y finura.

Además, comprenden que cuando practican de esta manera, no solo entrenan su cuerpo sino también su mente. Lo mismo ocurre en todas las áreas de la vida. Prestar atención a los detalles genera pequeñas mejoras que se suman para crear una gran diferencia. No solo a nivel físico, sino también mental.

¿Quieres una victoria rápida? Repara los detalles. Siempre puedes hacer algo por ellos. Es algo que puedes mejorar al instante. Es como acomodarte la corbata: un pequeño ajuste significa una gran diferencia. Entonces, busca pequeñas cosas que mejorar. Haz lo que sea posible. Así tomarás el ritmo y sentirás que ya has logrado algo.

Por tanto, si quieres mejorar tus habilidades para hablar en público, por ejemplo, presta atención a los detalles. Haz que cada palabra sea importante. Sé consciente de tus gestos y elimina aquellos que causen distracciones. Cree en lo que dices y transmítelo también con tus movimientos. Comprende a tu público y satisface sus necesidades de maneras pequeñas pero significativas. Ajusta la temperatura de la sala. Cuida la iluminación y el sonido.

> *El brillo detrás de cada obra de arte o desempeño extraordinario siempre se encuentra en los detalles más pequeños.*

El brillo detrás de cada obra de arte o desempeño extraordinario siempre se encuentra en los detalles más pequeños. Los cirujanos lo saben. Los programadores de cómputo lo saben. Los atletas lo saben. Los ingenieros lo saben. Los escritores lo saben. Los fotógrafos lo saben. La gente de negocios lo sabe. Los diseñadores lo saben. Los artistas lo saben. Todos ellos entienden que el secreto de la calidad en cada aspecto de su trabajo es hacer bien las cosas pequeñas. Precisión. Atención al detalle. Perfección. Eso es lo que significa ser meticuloso.

CAPÍTULO 14

Conciencia

Es una paradoja que, a menudo, la gente más motivada y exitosa sea también la más insatisfecha. ¿Por qué? Bueno, para ser exitoso en la vida se debe ser un individuo que persigue sus metas, un hacedor. Se requiere buen juicio, una mente lógica y grandes habilidades para resolver problemas. No obstante, es imprescindible tener la capacidad para evaluar dónde se está ahora y dónde se desea estar. Entonces, se necesita la motivación y la determinación indispensables para salvar esa distancia. Todas estas capacidades son consideradas muy valiosas y esenciales para una vida exitosa "allá afuera"; no obstante, cuando se trata de tener una vida exitosa "aquí adentro", no siempre resultan tan útiles. De hecho, pueden incluso empeorar la situación.

Permíteme explicarme.

Con el propósito de obtener una vida mejor, la gente olvida con frecuencia que, a fin de cuentas, todo lo que hacemos está motivado por un deseo de lograr un estado interno: complacencia, satisfacción y plenitud. Sin embargo, olvidamos que las cosas que logramos "allá afuera" no nos garantizarán dicho estado.

De hecho, siempre existirán distancias por salvar. Así que nos esforzamos más y perseguimos cosas (dinero, fama, poder y estatus) con frenesí, pero nunca parecemos sentirnos satisfechos. Siempre queremos más. Sin embargo, nunca es suficiente. Esas cosas nunca generan una satisfacción perdurable.

No obstante, incluso cuando comprendemos que "más" no nos hará sentir mejor, empeoramos la situación cuando intentamos resolver los problemas de "aquí adentro" de la misma manera como solucionamos los problemas de "allá afuera". Y si somos magos para resolver problemas "de afuera", nos volveremos un caos si aplicamos las mismas estrategias para nuestra vida "interna".

Como puedes ver, la solución de problemas no es la mejor manera de resolver situaciones emocionales. ¿Por qué? Porque nos hace pensar una y otra vez en los orígenes que causaron el problema. Nos limitamos a andar en círculos y a machacar la misma experiencia, en un desesperado intento por encontrar una forma de salir de nuestra miseria.

Sin embargo, existe una salida, otro modo mental que es opuesto a la mente orientada hacia las metas y a salvar distancias. Es el modo del "ser". Y, en contraste con el modo de "hacer", no está motivado para lograr una meta determinada. Por tanto, no hay necesidad de revisar la distancia de forma constante ni de evaluar cómo están las cosas en cuanto a cómo queremos que sean, lo cual nos hace sentir mal. En lugar de ello, nuestro enfoque se centra en "aceptar" y "permitir" que las cosas sean tal como son en este momento, sin fantasear, anhelar o esperar algo distinto.

Sin embargo, el modo mental del "ser" nos motiva a "aproximarnos" a los estados emocionales poco gratos, en lugar de "evitarlos"; por tanto, superamos nuestros desafíos emocionales de una manera saludable. Seguir e ignorar el sentimiento incómodo no hará que desaparezca. Para tener una vida más satisfactoria, en algún momento tendrás que enfrentar la incomodidad y llegar a la causa raíz de ello. El modo mental del "ser" puede ayudarte.

El modo del "ser" te motiva a dejar de hacer cosas y prestar toda la atención a tu situación actual. Te ayuda a ver con más claridad, a considerar todas las posibilidades y a tomar mejores decisiones. Te permite responder con conciencia, en lugar de operar siempre con el piloto automático. Cuando estás despierto por completo, identificas quién eres en realidad y lo que en verdad necesitas. Te liberas de la adicción a "más". Es entonces cuando salvas la distancia entre el éxito externo y la satisfacción interna.

> *Cuando estás despierto por completo, identificas quién eres en realidad y lo que en verdad necesitas.*

Por tanto, ¿cómo cambiamos del modo mental de "hacer" al modo del "ser"? La manera más sencilla es estar atentos al cuerpo, porque regresar a las sensaciones de nuestro cuerpo nos devuelve al momento presente. Sin embargo, ten cuidado de no convertir este ejercicio en una meta; es decir, lograr un estado de calma o relajación. Lo que debes tratar de hacer es abrirte más a lo que experimentas con tu cuerpo, aquí mismo, ahora mismo, sin importar lo que sea.

He aquí un buen inicio: siéntate en una postura cómoda. Coloca tus brazos y piernas en una posición relajada pero firme. Cierra los ojos. Lleva tu mente a cada parte de tu cuerpo. Comienza desde abajo y hacia arriba. Hazlo despacio. Paso a paso. Parte del cuerpo por parte del cuerpo. Entonces, si comienzas con tu pie izquierdo, coloca allí tu mente. Hazte consciente de tu pie. Ya sé que suena absurdo pero, ¿qué otra cosa esperarías de un pie? En realidad no es necesario tomar este ejercicio con demasiada seriedad. Realízalo con una actitud de confort espiritual, curiosidad, calidez y gentileza. Esa es la manera consciente.

CAPÍTULO 15

No hacer juicios

Todos tenemos preferencias. Y siempre consideraremos que algunas cosas son mejores que otras. Por ejemplo, quizá prefieras el helado de ron con pasas. Yo, el de vainilla. Tenemos gustos distintos. De acuerdo. Es solo que...

Tal parece que no podemos aceptar que otras personas quizá no compartan nuestra opinión. Entonces, juzgamos su elección: "¿Cómo pudiste comerte eso? Es asqueroso". E intentamos convertirlos: "No sabes de lo que te pierdes. Prueba esto". Sin embargo, para tener mejores relaciones y paz mental, necesitamos comprender que lo que es bueno para nosotros puede ser lo peor para otros.

Bueno, sé que el ejemplo anterior puede parecer trivial. Estoy seguro de que a la mayoría de la gente no le importa lo que otros opinen acerca de sus gustos en cuanto al helado. No obstante, es un poco más irritante cuando alguien nos juzga por nuestra manera de percibir el mundo. Pero sin importar cómo nos sintamos cuando nos juzgan, aún así nos resulta difícil no juzgar a los demás. Creemos que nuestro punto de vista es el mejor. Sin embargo, lo que está bien para nosotros no necesariamente lo está para todos los demás.

La mayoría opinamos acerca de lo que los demás deberían hacer para salir de una situación difícil o para mejorar su vida. Decimos: "Yo nunca haría eso...". No obstante, ¿cómo lo sabemos si nunca hemos vivido esa misma situación? ¿Podemos estar seguros de que actuaríamos de forma distinta? Con frecuencia no somos sino un pasajero en el asiento trasero.

Juzgamos y criticamos las acciones de los demás cuando nunca hemos ocupado el asiento del piloto.

Estoy seguro de que deseas lo mejor para las personas que más te importan. Quieres darles el "mejor" consejo. No obstante, ese consejo por lo regular se basa en tus preferencias. Por ejemplo, puedes desear que los demás gasten su dinero como tú, coman lo mismo que tú, vivan como vives tú y crean en lo que tú crees. Pero tus preferencias son tus preferencias. Además, todo eso quizá no sea lo mejor para ti mismo, por no hablar de los demás, por tanto, deja que los demás hagan aquello que crean que es correcto para ellos. Quizá tomen decisiones erróneas, pero así es como se aprende. Permíteles cometer sus errores. Y enfócate en aprender por tu parte.

Compréndelo: no siempre podemos identificar los beneficios que provendrán de la experiencia de otra persona. Podríamos juzgar que eso "no es correcto", pero quizá sí lo sea en su circunstancia. En otras palabras, el lugar donde la gente se encuentra en este momento puede ser el lugar perfecto para cada individuo, según el sitio hacia donde se dirija.

Cuando aconsejas a alguien que no te lo ha pedido, no aconsejas: juzgas.

Sin embargo, cuando aconsejas a alguien que no te lo ha pedido, no es aconsejar: es juzgar. Tu consejo será tomado como crítica. Y las críticas desconectan las relaciones. Deja que la gente sea como es y querrá estar cerca de ti. No es frecuente que una persona se sienta aceptada por ser quien es. Recuerda: nadie es perfecto. Y los demás estarán siempre lejos de la perfección, en especial si tienen que cumplir con tu definición de ese término.

CAPÍTULO 16

Mente abierta

Es probable que hayas escuchado la historia del maestro zen que es confrontado por un estudiante que está lleno de sí mismo: lleno de sus ideas, conceptos y creencias; inflexible y renuente a renunciar a su perspectiva. Entonces, el maestro le sienta y prepara el té. De una manera zen, el maestro se sirve una taza. Luego procede a servir otra para el estudiante. Sin embargo, en esta ocasión el maestro no se detiene al servir determinada cantidad. En lugar de ello, continúa sirviendo el té y deja que se derrame. Con pánico, el estudiante exclama: "Maestro, ¿qué hace usted?". Con toda calma, el maestro responde: "La taza es como tu mente: nunca serás capaz de aprender algo, a menos que la vacíes".

Esa es sabiduría ancestral. He aquí un conocimiento nuevo.

Los órganos de los sentidos (la piel, los ojos, los oídos, la lengua y la nariz) son instrumentos que utilizamos para navegar en nuestra travesía a lo largo de la vida. Actúan como receptores que nos brindan información acerca del mundo exterior. Si nos abandonáramos a ellos, nos saturaríamos de estímulos. No obstante, hemos desarrollado una manera inteligente de impedir que la multitud de sensaciones nos agobien. Buscamos lo que es interesante para nosotros y luego generalizamos, eliminamos y distorsionamos la información que recibimos. En pocas palabras, como una droga de diseño, personalizamos nuestra experiencia.

El problema es que nuestros pensamientos influyen en nuestro sistema de filtrado. Y con más frecuencia que la que podemos detectar, los pensamientos son irracionales. Generalizamos sobre la gente y sus características, esperamos solo lo peor de ella, eliminamos información importante a la cual necesitamos prestar atención, o distorsionamos el significado de lo que dice y respondemos de forma inapropiada.

Pero eso no es todo. Es peor aún. Tenemos el mal hábito de buscar la información que concuerde con nuestra manera de pensar. Así que nuestros pensamientos no solo dan forma a nuestra realidad sino también la confirman, sin importar lo retorcida que esta sea. Y, enfrentémoslo, es gratificante tener la razón. Así que tendemos a evitar a las personas y a los hechos que no concuerdan con nuestros pensamientos.

Una y otra vez has escuchado la cínica frase: "Ver es creer". Sin embargo, sería más preciso decir: "Creer es ver", porque tus percepciones del mundo siempre se basan en tus pensamientos habituales; es decir, tus creencias. Estas crean el mapa por medio del cual diriges tu rumbo a través de la vida. Genera pensamientos saludables y racionales y ellos te guiarán adonde quieres llegar. Genera pensamientos no saludables e inflexibles y espera golpearte con un muro de ladrillos.

Ese es el problema.

Ahora, esta es la solución: abre tu mente. Contempla las cosas como si las vieras por primera vez. Vacía tu taza. Haz a un lado tus ideas, conceptos y creencias. Y, tanto como puedas, conéctate con los crudos datos sensoriales que entran a tu cerebro. Reflexiona sobre lo que piensas. Busca personas y literatura que expresen una opinión distinta de la tuya. Después, busca los hechos que sustenten esos puntos de vista.

Compréndelo: buscar los hechos es un mejor ejercicio mental que apresurarse a sacar conclusiones.

> *Buscar los hechos es un mejor ejercicio mental*
> *que apresurarse a sacar conclusiones.*

No te equivoques. No te pido que te deshagas de tus opiniones o que comprometas tus valores. En absoluto. Lo que sugiero es que dejes de enfocarte y de expresar tus opiniones hasta que hayas investigado, escuchado y comprendido por completo otras perspectivas. Así serás capaz de operar desde una posición más equilibrada. Y será menos probable que te engañen, te desvíen o te conduzcan a un punto muerto.

CAPÍTULO 17

Paciencia

La paciencia es una cualidad deseable pero, en nuestra cultura de gratificación inmediata, es rara. No me entiendas mal: es magnífico contar con tiendas abiertas las 24 horas, hornos de microondas, acceso inmediato a la información y entretenimiento a nuestro gusto. Sin embargo, el hecho de tener acceso a lo que queremos, cuando lo queremos, debilita uno de nuestros mayores atributos: la capacidad para esperar.

Las investigaciones han demostrado que cuando los niños tienen la opción de comer un malvavisco ahora mismo o dos después de terminar una tarea, quienes pudieron esperar fueron más exitosos en la vida. Es importante contar con la capacidad para resistirnos a los impulsos. Es probable que se nazca con diferentes niveles de paciencia; no obstante, todos podemos mejorar. Es como cualquier otra habilidad: puede desarrollarse con la práctica.

No es fácil. Incluso el mejor ser humano tiene que resistirse a la necesidad de una gratificación veloz. Nos apresuramos para no detenernos en el semáforo. Corremos para formarnos en la fila más corta. Incluso cuando no podemos movernos más rápido, tenemos prisa en la mente. Es como si estuviéramos drogados. Nos hacemos adictos a la velocidad. Sin embargo, para vivir una vida mejor y más satisfactoria, tenemos que vencer la adicción. Debemos luchar contra la mentalidad de rápido impacto.

Compréndelo: si la paciencia es una virtud, salirnos con la nuestra es un vicio. Entonces, que no te seduzca el estilo de vida inmediato y presuroso. Somos afortunados por tener mucho de lo que queremos en el momento, pero no permitas que ello debilite tu capacidad para demorar la gratificación. Si careces de paciencia, comienza a desarrollarla con pequeños pasos. Esperar en fila para hablar por teléfono, por ejemplo, es un buen terreno de entrenamiento. Cuando seas capaz de esperar sin sentirte molesto o ansioso con las pequeñas cosas, avanza a las grandes.

Y aún hay más. A menudo el deseo de que las cosas se hagan pronto significa que no se hacen de forma adecuada. Por tanto, si quieres grandes resultados, ten paciencia. Incluso aprender a ser paciente requiere paciencia. No puedes apresurar el proceso. Si lo haces, el resultado no será el mismo. Tendrá menor calidad. Apresurar el desarrollo personal es como romper un huevo antes de tiempo. Y luego te preguntas por qué no salió un pollito.

La paciencia es tu disposición a permitir que la vida avance a su propio ritmo.

Ten presente que la paciencia es tu disposición a permitir que la vida avance a su propio ritmo. No hay necesidad de apresurarse, presionar o acelerarse. Siembra las semillas y deja que se desarrolle el proceso orgánico. En otras palabras: si pones el esfuerzo, verás los frutos. Quizá no lleguen cuando tú quieras pero llegarán cuando estés listo. Y recuerda: mientras más profunda sea la espera, antes llegarán.

CAPÍTULO 18

Perseverancia

La perseverancia es la capacidad de aferrarse a una tarea cuando la situación se torna difícil. Todos conocemos personas que inician actividades y las interrumpen tan pronto se enfrentan a un obstáculo. Yo lo veo continuamente en el karate. Los estudiantes inician con entusiasmo, pero es raro al principio y los resultados tardan en llegar, de manera que se dan por vencidos. Se marchan justo cuando las cosas están a punto de mejorar.

La mayoría de la gente renuncia en la vida. No cuenta con el "aferramiento" necesario para alcanzar sus metas. Quizá sea el marco mental de los resultados inmediatos lo que la obstaculiza. Por ejemplo, no es poco común que los estudiantes novatos de karate esperen convertirse en maestros en un momento. En la actualidad, la gente desea resultados al instante. Sin embargo, el progreso real proviene de la repetición interminable y del esfuerzo concentrado hacia la mejora. Hace falta tiempo y trabajo arduo para dominar una habilidad. No hay atajos. Entonces, si no cuentas con el tiempo, no esperes los resultados.

La paciencia y la perseverancia van de la mano. Son como el *yin* y el *yang* del compromiso. La paciencia es la cualidad pasiva y la perseverancia es la más activa. Si quieres destacarte del rebaño, mantente firme en tu propósito hasta el final. Esa es la parte activa del compromiso.

Además, no te desanimes si el resultado no es visible de inmediato. Ese es el elemento pasivo.

No importa cuán lento sea tu progreso; lo importante es continuar avanzando. Practica incluso cuando sientas que no llegas a ninguna parte. Esa es la manera de ser el mejor tú. Compréndelo: el resultado llegará y es probable que suceda cuando menos lo esperes. Entonces, aférrate a tu tarea.

> *La paciencia y la perseverancia van de la mano.*
> *Son como el yin y el yang del compromiso.*

Dicho todo lo anterior, es importante no desequilibrarse con este principio. En ocasiones hay que saber cuándo rendirse. Si tus esfuerzos te hacen sentir que retrocedes, en lugar de ir hacia adelante, o que no te mueves, esa es una señal de que debes descansar. Si el descanso no conduce a la recuperación, entonces quizá te encuentras en el camino equivocado. Considera actividades alternativas que sean más adecuadas para tus talentos naturales.

Por supuesto que, si eres ambicioso y estás motivado, el hecho de saber cuándo rendirte no será fácil. Pero no permitas que la soberbia o la testarudez obstaculicen tu camino. Pregúntate con toda honestidad si lo dejas por las razones correctas o erróneas..., y entonces lo sabrás. Lo cierto es que los seres humanos no queremos darnos por vencidos. Sin embargo, no tiene sentido persistir en una actividad que no es la adecuada para ti.

CAPÍTULO 19

Respeto

El respeto es aceptar a una persona por lo que es, tanto si estás de acuerdo como si no. Por ejemplo, quizá no concuerdes con sus opiniones políticas, sus creencias religiosas o su perspectiva de vida. Incluso puedes desaprobar sus acciones y conducta. Sin embargo, eso no significa que no puedas respetarla. No necesitas admirar a una persona o aprobar su manera de vivir para tratarla con amabilidad y atención.

> *El respeto es aceptar a una persona por lo que es, tanto si estás de acuerdo como si no.*

Aunque quizá sea fácil de comprender, este principio es difícil de aplicar. Todos tendemos a tratar a las personas que nos desagradan con menos respeto. Tal parece que no merecen el esfuerzo. No obstante, siempre beneficiará nuestro bienestar personal el hecho de liberarnos de cualesquiera limitantes y permitir que la gente sea tal como es. Si eso es demasiado pedir, entonces cuando menos intenta que los demás no se enteren de que te desagradan.

Desde luego, resulta difícil fingir que alguien te agrada cuando no es así en absoluto. Nadie quiere ser falso.

Sin embargo, al final es tu problema porque todo el mundo, sin importar de quién se trate, merece ser tratado con dignidad y respeto. Tanto si en verdad te agradan como si te desagradan ciertas personas, cuando tengas algún problema con alguien, habla al respecto como *tu* problema. Lo anterior no significa que tengas que estar de acuerdo con el otro para hacerlo sentir bien. Si tu opinión es opuesta a la suya, exprésalo...; pero con respeto.

Esta es la manera de hacerlo.

Elige el momento más apropiado para sostener la conversación. Lo ideal sería comunicarse cara a cara y utilizar un tono de voz cálido. Comienza por reconocer el punto de vista de la otra persona. Por ejemplo, di: "Comprendo y respeto lo que dices pero existe otra manera de considerarlo...". Luego explica tu opinión estableciendo los hechos como tú los percibes y cómo te hacen sentir.

Recuerda: todos hemos estado expuestos a una variedad de experiencias en la vida y hemos sido cultivados por nuestros ambientes. Cada uno de nosotros, por tanto, tendrá una manera única de percibir el mundo. Por ejemplo: quizá creciste en el Lejano Oriente y crees que las cortesías y los protocolos son importantes; por el contrario, quien haya crecido en Occidente puede sentir que esas conductas son innecesarias. No tenemos que estar de acuerdo con todo lo que una persona hace o dice pero, al mismo tiempo, tampoco tenemos que ejecutarle con nuestras palabras si no es así.

CAPÍTULO 20

Responsabilidad

Es un debate interminable. ¿Somos responsables de nuestras acciones? ¿Tenemos libre albedrío? Muchas ocasiones sentimos que tenemos el control, aunque a veces no es así. En esos momentos, creemos que estamos justificados para decir: "No fue mi culpa". Pero, ¿por qué no? Desde luego, las circunstancias pueden hacer que algunas opciones sean más difíciles que otras. Sin embargo, ¿acaso eso nos proporciona una excusa? ¿Debemos ser responsables de nuestras acciones incluso si estamos estresados, deprimidos o condicionados por nuestro ambiente?

Tomemos la infidelidad como ejemplo. Si un hombre engaña a su esposa, ¿tiene derecho a culpar por sus acciones a la otra mujer, a la presión de sus amigos o al comportamiento de su cónyuge? No es extraño que un hombre justifique sus acciones. Con frecuencia, los hombres no desean aceptar las responsabilidades y, tristemente, no es inusual que la esposa se culpe a sí misma. ¿Sería infiel un hombre (o una mujer) si estuviera a la vista de su pareja? Creo que no. Entonces, ¿por qué no acepta la responsabilidad por algo que sabe que no debe hacer?

Todo lo que realizamos tiene consecuencias. Sin embargo, con frecuencia realizamos acciones irresponsables a pesar de conocer sus repercusiones. Por ejemplo, quizá sepamos que comprar ese vestido, computadora o automóvil nos hundirá en una gran deuda.

Pero lo compramos de todos modos. En muchas situaciones nos encontramos a merced de nuestros deseos. Reaccionamos a los impulsos en lugar de tomarnos un tiempo para considerar las consecuencias. No obstante, para tener una vida saludable y satisfactoria, debemos aprender cómo llevar a cabo acciones deliberadas y consideradas. Tenemos que cambiar reacción por respuesta. En resumen, necesitamos hacernos responsables.

Quizá no tengamos un control total sobre la vida. Tal vez seamos esclavos de las convenciones. Pero sí tenemos el poder de liberarnos de las cadenas que nos atan a un patrón de conducta determinado. Incluso si el mundo fuera un sistema determinístico, tendríamos un poco de control sobre la manera en que llegamos al final. En otras palabras, todos vamos a morir. Eso se nos ha determinado y no podemos controlar ese hecho; sin embargo, sí tenemos control sobre cómo experimentamos el trayecto. Siempre podemos elegir nuestra actitud como respuesta a los sucesos de la vida. Podemos elegir recorrer el camino del éxito o el del fracaso.

> *Siempre podemos elegir nuestra actitud como respuesta a los sucesos de la vida.*

Sin duda, los hábitos inhiben tu capacidad de respuesta. Causan que reacciones. No obstante, tú puedes cambiar tus patrones limitantes de conducta. Solo debes hacerte más consciente de ellos. Retrocede un paso y obsérvate a ti mismo en acción. Recuerda: para cambiar una acción primero debes hacerte consciente de ella. Y es en ese momento de conciencia cuando tienes la oportunidad de intentar algo nuevo.

Es tu oportunidad de responder, en lugar de reaccionar. Responde de inmediato y tus desafíos se convertirán en oportunidades. Reacciona y solo espera que la vida permanezca igual o que empeore.

PARTE DOS

La práctica correcta

CAPÍTULO 21

Actuar

Desde hace mucho tiempo he sentido curiosidad acerca de las dificultades que enfrentamos la mayoría de las personas cuando se trata de entrar en acción... el tipo de acción que conduce a una vida más saludable y satisfactoria. Juramos que dejaremos de fumar, que asistiremos al gimnasio o que dejaremos de atiborrarnos de comida chatarra. Quizá nos sintamos motivados durante un tiempo y actuemos durante uno o dos días, pero no dura. Entonces, ¿cómo mantenemos nuestra motivación no solo por un par de días sino durante semanas, meses o incluso años?

En una palabra: emoción. De hecho, la palabra "emoción" se deriva del latín *movere*: moverse. En ella yace la clave para mantenernos motivados. Con frecuencia sabemos lo que queremos lograr y el motivo para ello. Sin embargo, esta comprensión intelectual no es suficiente para ponernos en movimiento, por no hablar de que nos mantenga motivados. Con el conocimiento intelectual, decimos algo como: "Sí, ya sé lo que necesito hacer en mi cabeza, pero en realidad no lo siento en mi corazón". Lo que reconocemos aquí es que carecemos de conocimiento emocional.

Tomemos como ejemplo el hábito de fumar. La mayoría de los fumadores comprenden los peligros de este hábito; es decir, tienen el conocimiento intelectual, pero continúan con ello. Sin embargo, muchas mujeres que se han esforzado durante años por dejar el cigarrillo descubren que, cuando se embarazan, se las arreglan para lograrlo, cuando menos durante todo el periodo de gestación.

Y eso se debe a la profunda compasión y preocupación que sienten por el bienestar de su bebé.

La emoción es un motivador poderoso. Cuando sientes pasión por tus metas, actuarás con base en el conocimiento, los consejos y perspectivas que te ayudarán a lograrlas. Recuerda: mantén tu mente y tu corazón en la dirección adecuada y no tendrás que preocuparte por tus pies.

Sin embargo, si tu sueño, meta o pasión aún no es lo bastante poderoso como para ponerte en movimiento, entonces quizá debas buscar en zonas más profundas. La evasión de una actividad importante es a menudo una manera de eludir un estado emocional desagradable.

Por ejemplo, podrías evadir ciertas actividades porque temes al fracaso. O quizá no te gusta que alguien te diga lo que debes hacer. O es probable que le tengas miedo al éxito. No porque no lo valores, sino porque temes perderlo una vez que lo consigas.

Contemplas la cima de la montaña y te dices: "El panorama desde allá arriba debe ser magnífico, pero sería una caída terrible". Con frecuencia no evitamos una tarea: evitamos un sentimiento indeseable. No obstante, existe una solución.

La emoción es la fuerza motivante en tu vida pero también es el freno.

La clave para entrar en acción es: dale significado. Por ejemplo, si tu vida está llena de caos, y tú eres un desorganizado sin remedio, debes pensar en los beneficios de hacer una limpieza profunda. Es probable que te sientas más estable, liberado y capaz de enfocarte en otras áreas de tu vida. Agrega emoción y tendrás muchas más posibilidades de actuar. La conclusión es que la emoción es la fuerza motivante en tu vida pero también es el freno. Por tanto, necesitas comprender las emociones que te motivan y aquellas que te frenan.

CAPÍTULO 22

Cambiar

La vida significa crecer. Si no cambias, no creces. Si no creces, prepárate para sentir cantidades enormes de dolor. Verás, la vida desea lo mejor de nosotros. Quiere que seamos lo mejor que podamos. Por tanto, nos guía con un empujoncito. Pero si ignoramos el empujoncito, nos golpea con fuerza.

Piensa en lo siguiente: ¿Cuándo aprendemos por fin acerca de la administración de personal? Cuando perdemos a nuestros empleados clave. ¿Cuándo comenzamos a buscar un mejor equilibrio entre el trabajo y nuestra vida? Cuando nuestro cuerpo o familia comienza a derrumbarse. ¿Cuándo tratamos de encontrar nuestra verdadera vocación? Cuando nos ignoran para una promoción o nos despiden. Para muchas personas, si no hay dolor, no se genera el ímpetu de cambiar. Sin embargo, la vida no tiene que ser una serie de lecciones dolorosas si prestamos atención a las señales sutiles. El dolor no llega de pronto: aumenta poco a poco. Nos guía con un resplandor de luz. No obstante, la mayoría de la gente cambia no porque haya visto la luz sino porque siente el calor.

Con frecuencia, la gente es renuente al cambio porque viene acompañado de incomodidad y molestias. Hay que renunciar a la seguridad durante un tiempo. Te saca de tu zona de comodidad. Para algunos individuos podría significar renunciar a un patrón conocido aunque limitante de conducta, un trabajo seguro pero no gratificante o una relación que ha perdido su significado. Sin embargo, si eres dinámico, de mente abierta y flexible, puedes transformar tu forma de sentir el cambio. En especial cuando la vida avanza en la dirección equivocada.

Pero si el cambio ya calienta la parte trasera de tus pantalones, esta es la mejor manera de disminuir el calor. Primero, acepta tu situación actual y resiste la urgencia de actuar de forma impulsiva. Ahora, no me refiero a que solo te adaptes a ello.

Lo que debes hacer es contemplar la situación sin caer en las reacciones habituales. Di: "De acuerdo, ya te vi. Ya sé que se trata de una llamada al cambio. Ahora voy a tomarme un tiempo para considerar la respuesta más apropiada".

A continuación, hazte responsable de tu situación. Desde luego, no puedes ser responsable si el techo de tu casa se derrumba a causa de una tormenta. Sin embargo, si no aceptas la responsabilidad por cualquier cosa que suceda, es probable que caigas en la mentalidad inútil de considerarte una víctima. Lo que necesitas preguntarte es: "¿Cómo puedo crecer a partir de esta experiencia?"

Después, identifica lo que necesitas cambiar para lidiar con la situación. Es entonces cuando asimilas la lección que necesitas aprender. Tu situación puede enseñarte a ser más asertivo, a ser un compañero más atento o a alcanzar un equilibrio entre la vida y el trabajo.

Por último, disponte a actuar. Durante el transcurso de tu estancia en la Tierra se te presentarán lecciones por aprender. Cada cambio que realices te catapultará hacia adelante en el camino que conduce a la plenitud. En cada lección existe una oportunidad para una vida nueva y mejor.

Si somos honestos, reconoceremos que no deseamos que las cosas siempre se mantengan igual. ¿Quién no quiere que mejore algún aspecto de su vida? Sin cambio no habría esperanza en una vida mejor o un fin al sufrimiento.

> *El dolor de cambiar ahora siempre será menor*
> *que el dolor de permanecer igual.*

El cambio de mal a bien es deseable. Pero comprende: todo cambio es para mejorar, sin importar la dirección que tome. Y recuerda no resistirte al cambio, porque el dolor de cambiar ahora siempre será menor que el dolor de permanecer igual. Entonces, sé proactivo..., ¡busca el cambio antes de que este te encuentre!

CAPÍTULO 23

Competir

Existen dos escuelas de pensamiento en relación con el karate de competición. Una de ellas cree que motivar el desarrollo de las habilidades genera progreso. La otra cree que engendra celos, avaricia o envidia por la posición o los títulos de otra persona.

La competencia es un tema controvertido tanto en el karate como en la vida. No obstante, sin importar tu opinión sobre el tema, es difícil que puedas evitarla. Siempre te encontrarás compitiendo por algo, tanto si le has echado el ojo a un puesto de reciente creación como si has localizado el último asiento en el tren.

A mí me encanta la competencia. Como te explicaré en un momento, en ocasiones un contrincante puede ayudarte más en tu desarrollo que un buen amigo. Sin embargo, cuando se lleva demasiado lejos, se convierte en una fuerza motivadora indeseable y no saludable.

Muchos competidores odian a quienes son mejores que ellos porque los perciben como obstáculos en su progreso. También temen a quienes perciben como inferiores porque tienen miedo de que, de alguna manera, los superen. En resumen, la competencia hace que la gente envidie a los ganadores, menosprecie a los perdedores y sospeche de casi todos los demás.

Piensa en todo el tiempo y energía que desperdicias en cuidarte las espaldas en lugar de vivir la vida. Debe existir una mejor manera de vivir que en un mundo lleno de tensión por competir. Bueno, sí existe una mejor manera y no significa que debas evitar la competencia por completo. Si compites con la actitud adecuada, puedes sacar a relucir lo mejor de ti.

> *Si compites con la actitud adecuada, puedes sacar a relucir lo mejor de ti.*

Compréndelo: siempre existirán personas con más conocimientos, más talentosas o más populares que tú. No te midas en relación con los demás. No permitas que nadie te dicte las metas que establezcas para ti mismo. En lugar de ello, fíjate metas y objetivos que tengan sentido para ti. Compite contigo mismo. Mide tu crecimiento de este año en términos de tu progreso del año anterior, en lugar de compararlo con el de tus oponentes.

Ha llegado el momento para la explicación que prometí al principio de este capítulo.

Todos tenemos un deseo innato de crecer, y este crecimiento se logra mejor cuando enfrentamos un desafío. Los retos nos sacan de nuestra zona de comodidad. Cuando se nos presentan dificultades, cavamos hasta las profundidades de nuestras capacidades y conocemos los verdaderos límites de nuestro potencial. En el karate, tus contrincantes se esfuerzan al máximo para ponerte las cosas difíciles. Al desempeñar el papel de tus enemigos, se convierten en tus verdaderos amigos. Al competir contra ti, cooperan contigo. Contar con un contrincante valioso es una bendición: te motiva a ser la mejor versión de ti mismo.

Por tanto, mientras haces la transición entre compararte y mejorarte, de ver a tus oponentes como enemigos a verlos como amigos, recuerda: la vida siempre te brindará los desafíos y los contrincantes valiosos que necesitas para crecer.

CAPÍTULO 24

Comprometerse

En última instancia, los artistas marciales se esfuerzan por lograr la armonía. Desde luego, entrenan para combatir pero, paradójicamente, su entrenamiento les ofrece la opción de no hacerlo. No se retiran ante un conflicto sino buscan resolverlo. Buscan el territorio común, las áreas de acuerdo. Se comprometen.

La mayoría de la gente elude el conflicto. Odia pelear. Sin embargo, las actitudes, opiniones o perspectivas opuestas no tienen que convertirse en un área de combate. El conflicto puede ser positivo. Aún así, la mayoría de la gente lo evita y termina por sentirse frustrada y resentida hacia los demás. Sin embargo, ten claro que la pasividad no resuelve los desacuerdos. Hay que manejar el conflicto antes de que se convierta en una fuerza destructiva.

Mucho puede aprenderse de las artes marciales en lo que se refiere al manejo del conflicto. Los artistas marciales comprenden la importancia de tomar pronto una acción. Están vigilantes.

Supervisan el clima. Y sus poderes de observación les brindan un sistema oportuno de advertencia. Si detectan conflicto en el aire, no se tornan agresivos ni evitan solucionar la situación. Se mantienen serenos y asertivos. Se toman el tiempo necesario para comprender la causa real de la situación. Contemplan el punto de vista de la otra persona y encuentran una manera aceptable de avanzar. En términos simples: se comprometen.

No te equivoques: el compromiso no es bajar tus niveles o renunciar a tus valores por los demás. Se trata de reducir tus demandas o a cambiar de opinión con el fin de llegar a un acuerdo. El compromiso es erróneo cuando significa sacrificar un principio. Todos tenemos niveles. Y si no se satisface tu nivel mínimo, se generará una falta de armonía. Entonces, se dañará el equilibrio adecuado. No te comprometas.

> *El compromiso es erróneo cuando significa sacrificar un principio.*

El conflicto puede despertar fuertes emociones; por tanto, la clave es enfrentarlo cuando te sientas en calma. Resístete a las reacciones por reflejo. Tómate el tiempo necesario para reflexionar sobre el problema y planear una forma constructiva de manejar la situación. Busca un acuerdo que sea aceptable para ambas partes.

CAPÍTULO 25

Decidir

En la vida siempre tenemos que tomar decisiones. En cada momento del día tenemos que decidir en qué enfocarnos, pensar y hacer. Sin embargo, con frecuencia actuamos a partir de patrones automáticos de conducta. Nos precipitamos a sacar conclusiones, reaccionamos por impulso y generamos pensamientos repetitivos. No obstante, para vivir una vida más plena, tenemos que aprender a tomar decisiones claras, conscientes y objetivas.

Todos hemos vivido la experiencia de sentirnos indecisos. Es un sentimiento incómodo. Así que, a menudo, para evitar la incomodidad, tomamos decisiones inmediatas, reaccionamos y nos apegamos a los viejos patrones. Sin embargo, para tomar mejores decisiones, debemos aceptar que las cosas se queden en el limbo un tiempo. Necesitamos dar un paso atrás. Cuando consideramos los detalles de nuestra situación y todas las opciones disponibles, podemos ver con claridad lo que debe ser distinto y las posibilidades para el cambio. Preguntas simples como: "¿Qué es exactamente lo que pasa?" y "¿Por qué es un problema para mí?", pueden ayudar a lograr esa claridad. Por tanto, cuando dudes, considéralo una señal para detenerte y pensar.

Otro impedimento para tomar mejores decisiones es el temor a cometer errores. No queremos equivocarnos. Por tanto, nos quedamos estancados. Y en lugar de crear un espacio para ver con claridad, creamos ansiedad y permitimos que la situación empeore. Compréndelo: no siempre podremos tomar la decisión adecuada, pero siempre podremos aprovechar esa decisión. En otras palabras, sin importar lo que decidamos, el resultado de nuestra decisión nos ofrecerá una lección. Y, si escuchamos y aprendemos, habremos dado un paso más hacia la decisión correcta.

> *No siempre podremos tomar la decisión adecuada, pero siempre podremos aprovechar esa decisión.*

Por ejemplo, puedes elegir la pareja o el empleo inadecuados, pero cuando menos sabrás que eso no es lo que deseas. En la siguiente oportunidad tendrás una mejor idea de lo que buscas y de lo que es importante para ti. Entonces, no te reprimas. Toma la decisión. Escucha la realimentación. Y luego haz los ajustes pertinentes.

En el karate tienes que actuar con valor cuando realizas combates de práctica. Nunca puedes estar seguro de si tu elección de ataque es la adecuada. A pesar de las dudas, hay que dar un paso al frente con valor y golpear. Sin un compromiso total, es probable que te lastimen. Actúas como si el error fuera imposible y obtienes resultados. Lo mismo ocurre en la vida con las decisiones importantes. Tómate tu tiempo para evaluar la situación y después actúa con confianza, como si fuera imposible fallar. En otras palabras: espera mucho y golpea rápido.

CAPÍTULO 26

Defenderse

Desde que los seres humanos hemos poblado esta Tierra, hemos sido la botana de las bestias salvajes o incluso de otros seres humanos. Hace miles de años, cuando un hambriento león nos olfateaba o un guerrero que merodeaba por allí detectaba nuestro rastro, teníamos una de tres opciones: correr, luchar o morir. A menudo, correr no era opción (¿alguna vez has intentado correr más rápido que un león?). Así que, en realidad quedaban solo dos opciones: luchar o morir. Queda claro que morir no requiere demasiada práctica; por tanto, pronto aprendimos a luchar.

En la actualidad no existen muchas probabilidades de que una bestia salvaje te atrape. Y, por fortuna, los ataques físicos no provocados son escasos. Entonces, no existe una necesidad imperante de defenderse. Sin embargo, lo que no es raro son los ataques emocionales no provocados; los cuales, a propósito, pueden sentirse como si una bestia salvaje te atrapara. El problema es que contamos con artes marciales muy desarrolladas, pero muy pocas formas de autodefensa emocional. Supongo que en lo que más debemos entrenarnos es en "lengua-fu", no en kung-fu. Por tanto, en breve te mostraré algunas técnicas defensivas.

Pero antes de hacerlo, enfrentémoslo.

A todo el mundo le gusta complacer a los demás. Si complacemos a nuestros amigos, a nuestro jefe o a nuestros compañeros, es más probable que nos ayuden. Y si queremos conservar nuestro empleo y a nuestros amigos, resulta muy útil que esas personas también tengan una buena opinión sobre nosotros.

Sin embargo, en ocasiones estamos tan ansiosos de agradar que terminamos por trabajar con demasiado empeño para complacer a otras personas y nos olvidamos de complacernos a nosotros mismos. En otras ocasiones llevamos demasiado lejos la necesidad de complacer y permitimos que los demás nos manipulen o abusen de nosotros.

Por desgracia, siempre existirán individuos que, por la razón que sea, te hagan bromas abusivas, intenten manipularte con chantaje emocional o saboteen tus objetivos profesionales con un comportamiento político. Sin embargo, no tienes que ser una víctima pasiva. No si te defiendes a ti mismo. Por tanto, adopta una postura firme pero establece límites, porque no querrías sentirte tenso o reaccionar de forma exagerada ante cualquier comentario o gesto ambiguo. Si crees que la situación ha llegado demasiado lejos, primero intenta con un ligero golpecito. Si sientes que la conducta no se detiene, inténtalo de nuevo. Si un golpecito no funciona, no lo dudes...: suelta un golpe fulminante.

No tienes que ser una víctima pasiva.
Adopta una postura firme.

Esta es la manera de hacerlo.

Cuando sientas que la solicitud o demanda de otra persona sería demasiado estresante para ti, di: "No". No de una manera abrupta o ruda.

A continuación, pronuncia el nombre de la persona: "Jess". Por último, permite que la persona sepa cómo te sientes: "Mira, me siento muy incómodo con esta situación, pero…". Explícale por qué debes decir que no: "Me preocupa que, si hago esto por ti, no podré ocuparme de realizar otras actividades importantes". Junta los tres pasos y obtendrás algo parecido a lo siguiente: "No, Jess, en realidad me resulta difícil negarme a lo que me pides porque no quisiera parecer desconsiderado, pero lo he pensado bien y tendré que decirte que no en esta ocasión. Tengo demasiados pendientes y, si acepto uno más, no podré resolverlos todos".

Si te enfrentas a un lenguaje abusivo, comienza con una pausa. Contén tus emociones durante un momento y respira profundo. No es fácil, pero puede disminuir la tensión de la situación. Una vez que la otra persona se haya desahogado, repítele la idea central de su mensaje…, sin los insultos: "Si te entendí bien…". Después, si cuentas con algún remedio para el problema de la persona, exprésalo. Si no, pregúntale: "¿Cómo te gustaría resolver esto?". Si la solución que propone es imposible, negocia una alternativa: "No puedo hacer eso, pero lo que sí puedo hacer es…".

La clave para la autodefensa es ser firme pero razonable. No evites el conflicto. Aprende a agitar un poco el barco. Expresa tus opiniones. Adopta una postura firme.

CAPÍTULO 27

Enfocarse

A diario nos bombardean con información, oportunidades y tareas que compiten por nuestra atención. Así que con frecuencia descubrimos que intentamos realizar más de una actividad a la vez, lo cual en realidad es imposible. Nuestra mente solo puede enfocarse en una actividad, pero saltará de manera continua entre cada una de ellas. Y no siempre querríamos enfocarnos en esas actividades. Tendemos a iniciar una tarea y a interrumpirla de manera intermitente mientras recordamos las otras actividades que debemos realizar.

Hay muchas cosas que nos distraen en la vida. Sin embargo, para realizarlas debemos tener la capacidad de mover y sostener nuestra atención. Es sorprendente la cantidad de tiempo que desperdiciamos en la vida en pensar en el pasado o en preocuparnos por el futuro. La atención dispersa nos vuelve improductivos. Si pensamos y hacemos muchas cosas a la vez, no terminamos bien ninguna. Para realizar el trabajo lo mejor posible, para lograr nuestras metas más importantes, debemos estar absortos por completo en nuestras actividades.

La meditación puede ayudarte a desarrollar tu concentración, ya que entrena a la mente para permanecer en el presente. Es la práctica de prestar atención a una cosa a la vez y mantener ese enfoque. Esa cosa puede ser lo que sea: un objeto, una persona, un sonido o una sensación; cualquier cosa en absoluto. Sin embargo, lo importante es tener un único punto en el cual concentrarse. Cuando seas capaz de concentrarte en el presente, podrás dedicar toda tu mente a la tarea que traes entre manos y habrás adquirido una habilidad clave para el éxito.

> *Lo importante es tener un único punto*
> *en el cual concentrarse.*

He aquí un ejercicio simple de meditación que puede ayudarte a desarrollar tu habilidad de concentración. Consigue una hoja de papel blanco y dibuja en el centro un punto negro de alrededor de un centímetro de diámetro. A continuación, pega la hoja en la pared, al nivel de tus ojos. Ahora, durante un minuto, centra tu atención en el punto negro. No importa si estás sentado o de pie pero intenta mantener la espalda recta, la cabeza erguida y una postura relajada.

Sin duda, sentirás que tu mente escapa de tu punto de concentración. Es natural, así que no seas demasiado estricto contigo mismo. No te obligues a concentrarte, solo regresa tu atención al punto negro con suavidad cada vez que tu mente comience a vagar. Este es el proceso de la meditación. Cuando seas capaz de enfocarte por un minuto, inténtalo por dos minutos, luego por tres, etcétera.

El desarrollo de la concentración es como el de un músculo: requiere tiempo y esfuerzo. Practica durante periodos cortos, de cinco a diez minutos, con regularidad, en lugar de sesiones más largas pero poco frecuentes. Dedicar un tiempo cada día para la práctica te ayudará a desarrollar el hábito.

En los deportes, la concentración es lo que separa a los aficionados de los profesionales. En el trabajo, es lo que diferencia a los empleados promedio de los empleados estelares. En la vida, te lleva del lugar donde te encuentras ahora al sitio adonde quieres ir. Si tienes un rango limitado de atención, nunca serás capaz de apegarte a un propósito el tiempo suficiente para tener éxito en él. Siempre saltarás entre una y otra tarea, entre un proyecto y otro, entre uno y otro interés, siempre ocupado pero sin obtener nunca algo de valor.

Tu objetivo debe ser realizar una actividad con atención precisa, momento a momento, siempre que lo desees. No resulta fácil. La naturaleza de la mente es saltar de una idea a la siguiente. Sin embargo, con la práctica puedes aprender a calmar esta actividad mental, lo cual incrementa tu capacidad para concentrarte en una única cosa durante un periodo más amplio. Estarás más relajado, serás capaz de pensar con más claridad y encontrarás soluciones a los problemas con mayor rapidez.

CAPÍTULO 28

Perdonar

Todos tenemos un umbral para el perdón. Llega cinco minutos tarde a una junta con otras personas y, oye, no hay problema. Preséntate 15 minutos tarde y arderán de furia. Como puedes ver, todos tenemos un libro de reglas para vivir: lo que está bien y lo que está mal, lo que es aceptable y lo que no lo es. Y en alguna parte de las letras pequeñas hay una cláusula que establece: "Todos los seres humanos deberán atenerse a las reglas de este libro. Y si no lo hacen...".

Ahora, lo siguiente puede significar una gran conmoción para ti, de manera que agárrate. Compréndelo: tu libro de reglas no es el único que existe. De hecho, es probable que existan tantos libros de reglas como seres humanos sobre este planeta.

Desde luego, hay algunas coincidencias en ciertos temas: "No matarás" y otros similares. Sin embargo, por lo que se refiere a la vida diaria, lo que importa son las pequeñas cosas, como: "No llegarás 15 minutos tarde". En otras palabras, la violación a nuestras sutiles reglas personales es lo que produce resentimiento.

Después de esta revelación, si aún no sufres estrés postraumático, te garantizo que lo siguiente te lo provocará. Sin importar lo extraño que te parezca, los seres humanos estamos diseñados para cometer errores.

En efecto. Siempre cometeremos errores. Enfrentémoslo. Decepcionamos a la demás gente con regularidad. ¿Quién no? No obstante, continuaremos resbalando, equivocándonos y errando el blanco.

Si ese no fuera el caso, no evolucionaríamos. No tendríamos motivación alguna para mejorar. No habría nada que mejorar.

Entonces, ¿por qué nos resulta tan difícil perdonar a los demás cuando infringen nuestras reglas? Es muy extraño. No nos resentimos contra un pato por graznar, porque eso es lo que hacen los patos; pero si nuestro mejor amigo, compañero o amante no se adhiere a la Sección 34b de nuestro libro personal de reglas, se acabó. Debe pagar. Por lo regular el castigo elegido es "ojo por ojo, diente por diente", la represalia o la venganza. Pero, ¿acaso es necesario bajarnos a un nivel que en un principio nos pareció inaceptable? En otras ocasiones, la penitencia es más sofisticada: un boicot de la relación. En ambos casos, nosotros queremos que quien nos lastimó sepa cuán heridos estamos, de manera que lo castigamos. Queremos que sienta nuestro dolor o algo peor. Sin embargo, cuando nos negamos a perdonar, solo terminamos por castigarnos a nosotros mismos.

Ahora, si aún sigues conmigo después de este razonamiento, es probable que lo siguiente te dé el tiro de gracia. En cierto sentido no hay razón alguna para perdonar a nadie por nada, porque el perdón implica que existe una intención en el error de la otra persona. No obstante, nunca estamos en nuestro mejor momento cuando herimos a otros individuos. Siempre actuamos lo mejor que podemos dado el lugar donde nos encontramos, las circunstancias que enfrentamos y las herramientas con las cuales contamos para lidiar con dichas situaciones. Si supiéramos cómo hacerlo mejor, lo haríamos mejor.

> *Tú puedes decidir cómo tomarlo.*

No es fácil, lo sé. Todos tenemos nuestros límites. Sin embargo, ten muy claro que eres tú quien da a los demás el poder de lastimarte. Y tú puedes reclamar ese poder. Si alguien te ofende, te falta al respeto o te insulta, recuerda que tú puedes decidir cómo tomarlo.

Contempla a la otra persona como confundida, imperfecta, con emociones desequilibradas, con necesidades de amor y afecto, con dolor o fragilidad, y entonces descubrirás que te resulta fácil ser compasivo. No habrá necesidad de perdonar.

Esta manera de vivir no significa que debas permitir que la gente te pisotee. Defiéndete cuando necesites defenderte, pero deja de machacar el "error" en tu mente, de echar sal en las heridas una y otra vez. Languidecer en una agonía mental no te hará sentir mejor. Y, al final, todo esto tiene la intención de hacerte sentir mejor. El objetivo es tener más paz mental y gozo. Entonces, no lo restriegues en la cara; bórralo.

CAPÍTULO 29

Dar

Para algunas personas, la palabra "dar" significa sacrificio. Sin embargo, existe una diferencia enorme entre dar y sacrificarse. Dar se basa en un deseo genuino de ayudar a los demás. El sacrificio proviene del mito de que, con el fin de proveer algo a otros, primero tienes que privarte tú de ello. El mito de "proveer y privarse" tiene raíces muy profundas. No obstante, dar te beneficia. Es para tu satisfacción. "¿No es eso egoísta?", te preguntarás. Sí, lo es; pero, a un nivel más profundo, tú piensas en tu propio interés cuando ayudas a los demás. Permíteme explicártelo.

Dar es saludable. La naturaleza da y se renueva a sí misma de forma constante: un árbol se deshace de sus hojas; tu cuerpo desecha la piel; el sol libera su calor. Como puedes ver, si todo en la naturaleza se multiplicara sin morir ni renovarse, entonces el sistema sufriría. Se convertiría en un obstáculo para su salud y desarrollo. Cuando retenemos, acumulamos y no liberamos, nos convertimos en un obstáculo para nosotros mismos. Entonces, olvida el principio de "proveer y privarse" y sustitúyelo por "dar para vivir".

*Dar es saludable. La naturaleza da
y se renueva a sí misma de forma constante.*

A menudo, cuando la gente da, en el fondo de su mente espera que se le devuelva algo de igual valor. Quizá no hoy ni mañana, pero sí en algún momento en el futuro.

Dan para recibir... no de la vida sino de la persona a quien dio algo. No obstante, eso es un error. No es necesario llevar un registro de cuentas pendientes de quienes reciben tus obsequios.

Compréndelo: cuando das, la vida siempre te brindará lo que necesitas. Así que no te preocupe lo que recibas de los demás. Cuando tienes fe en la idea de que la vida te proveerá lo que necesitas, te sentirás libre de dar sin esperar algo a cambio. Darás de la misma manera en que una rosa te ofrece su color rojo para que lo contemples o el aroma de su perfume para que lo disfrutes. Dar se convierte en parte de tu naturaleza. Tú das por el intenso placer de dar.

En resumen: da tus recursos, talentos y capacidades para marcar una diferencia en la vida de los demás. Sé generoso. Ese es el camino hacia una vida más satisfactoria.

CAPÍTULO 30

Dejar ir

La mayor parte del sufrimiento humano ocurre porque no sabemos cómo soltar. Por ejemplo, nos aferramos a experiencias y pensamientos desagradables cuando deberíamos dejarlos pasar. O intentamos resolver problemas emocionales reproduciendo una y otra vez el episodio que disparó la emoción. Sin embargo, con nuestros esfuerzos terminamos por perpetuar el sufrimiento, en lugar de mejorar la situación. Lo que tenemos que hacer es aprender a soltar y a permitir que los sentimientos negativos se disipen de forma natural, porque con el tiempo lo harán.

Permite que los sentimientos negativos
se disipen de forma natural, porque con el tiempo lo harán.

Es como pedalear en la bicicleta estacionaria de un gimnasio. Si dejas de pedalear, en un momento dado las ruedas se detendrán. Aferrarte a un pensamiento es como acelerar la velocidad. Pedaleamos más y más. Revisamos una y otra vez los mismos pensamientos en la mente. Nos agotamos. No llegamos a ningún sitio pero nuestro cuerpo siente como si hubiera realizado el Tour de Francia.

Como puedes ver, a menudo creamos nuestras propias luchas y demoramos nuestro progreso en la vida. Existe una historia que ilustra muy bien este punto. Tres hombres partieron a un viaje. Cada uno cargaba dos sacos alrededor del cuello: uno al frente y otro atrás. ¿Cuál de los tres llegó primero a su destino?

Preguntaron al primer hombre qué contenían sus sacos. "En el de mi espalda", respondió el hombre, "cargo todos los actos amables de mis amigos. De esta manera, están fuera de mi vista y fuera de mi mente, y no tengo que hacer nada respecto de ellos. Pronto los olvido. Este saco del frente contiene todas las cosas desagradables que la gente me ha hecho. Realizo pausas en mi trayecto todos los días y los saco para estudiarlos. Eso me retrasa pero nadie se sale con la suya."

El segundo hombre dijo que guardaba sus buenos actos en el saco del frente. "Siempre los tengo frente a mí", explicó. "Me resulta placentero sacarlos y orearlos." "El saco a tus espaldas parece ser pesado", alguien observó. "¿Qué hay en su interior?" "Solo mis pequeños errores", replicó el segundo hombre. "Siempre los llevo a mis espaldas."

Preguntaron al tercer hombre qué contenían sus sacos. "Cargo las buenas acciones de mis amigos en mi saco frontal", comentó. "Parece lleno. Debe ser muy pesado", señaló un observador. "No", dijo el tercer hombre, "es grande pero no es pesado. Lejos de ser una carga, es como las velas de un navío. Me ayuda a avanzar." "He notado que el saco a tus espaldas tiene un agujero en el fondo", dijo otro observador. "Parece estar vacío y ser muy poco útil." "Allí es donde guardo todo el mal que escucho de otras personas", explicó el tercer hombre. "Solo cae y se pierde, de manera que ningún peso me estorba."

La lección es la siguiente: no permitas que tus experiencias desagradables te arrastren al fondo. Aprende a abrir los puños para soltar los pensamientos no saludables. Recuerda: no puedes disfrutar el hoy si piensas en las cosas malas que te sucedieron ayer.

CAPÍTULO 31

Escuchar

¿Alguna vez has notado que la gente que habla menos tiende a decir más? Incluso sería justo decir que quienes hablan menos reciben un mejor salario. La mayoría de nosotros no consideramos que escuchar sea una habilidad por la cual nos paguen porque es algo que hacemos por naturaleza. Sin embargo, no comprendemos la diferencia entre oír y escuchar. Oír es involuntario pero escuchar es voluntario.

El antiguo proverbio chino ilustra este punto muy bien: "Vemos pero no observamos, oímos pero no escuchamos...". Para escuchar hay que prestar atención.

Tu atención es una materia prima muy valiosa. Las organizaciones pagan grandes sumas de dinero por realizar comerciales de televisión y diseñar carteles para captarla. Existen sonidos, canciones y tonadas que también compiten por tu atención. Sin embargo, escuchar es el acto de enfocarte en uno de ellos de forma consciente. No es una actividad pasiva. Es una decisión.

> *Tu atención total es el regalo más valioso que puedes ofrecerle a otra persona.*

De hecho, tu atención total es el regalo más valioso que puedes ofrecerle a otra persona. Es un acto de amor. Si le prestas poca atención a tu pareja, pronto tu pareja te prestará poca atención.

Presta poca atención a tus hijos y pronto ellos prestarán poca atención a cualquier cosa. Alias: desorden de déficit de atención. Tu atención afirma la existencia de la otra persona. A nadie le gusta que lo ignoren o sentir que no es importante. En cierto sentido, el amor es solo atención.

Siempre es un buen cumplido que digan que sabes escuchar muy bien. Y no puedes fingirlo. Las personas saben cuando no las escuchan. Cuando lo hacemos, entendemos por completo las necesidades de nuestra pareja, reducimos las fallas de comunicación y desarrollamos relaciones fuertes. Escuchar es el núcleo de la comunicación, y todo lo que te ayuda a ser un buen comunicador es valioso también en términos de tu carrera profesional.

Por desgracia, quienes desean ascender por la escala profesional a menudo creen que hablar mucho les ayudará más que escuchar. Lo anterior se debe a que ven que las personas bien pagadas tienden a tener confianza en sí mismas, a expresarse bien, a ser elocuentes, a estar llenas de ideas interesantes y de cosas por decir. Sin embargo, en el esfuerzo por sonar inteligentes, utilizan un lenguaje complejo y una terminología ambigua, critican las ideas de sus colegas en las juntas y completan las frases de los demás. Hablan mucho y no escuchan lo suficiente.

Sin embargo, escuchar no solo se refiere a a los demás sino también a escucharse a uno mismo. Si aprendemos a hacer una pausa y a tener periodos de silencio, podemos descubrir al guía que vive en nuestro interior. Todos tenemos uno pero no siempre lo usamos por completo.

A menudo hay demasiado ruido dentro de nuestra cabeza. No obstante, descubrirás que, entre más silencio guardes, más podrás escuchar. No es necesario buscar al guía. Solo necesitas hacerte consciente de él. El hecho es que todos oímos, sentimos o sabemos lo que tenemos que hacer, pero muy pocos escuchamos.

CAPÍTULO 32

Hacer una pausa

En el karate, la práctica habitual, la repetición y el máximo esfuerzo son esenciales si deseas dominar las técnicas, pero solo hasta cierto punto. No se gana nada con entrenar en exceso. La buena condición física es resultado del trabajo y del descanso. Durante las pausas es cuando el cuerpo se fortalece. Lo mismo sucede con todas las actividades de la vida. El progreso requiere descansos regulares. De hecho, lo mejor que se obtiene del ejercicio es el descanso...; descanso y actividad; descanso y actividad; descanso y actividad. Es como una canción que cada ser vivo entona. Es el fondo musical de la vida.

> *Descanso y actividad; descanso y actividad.*
> *Es el fondo musical de la vida.*

El problema es que en la cultura actual del "tener que hacer algo" nos resulta difícil encontrar tiempo para dormir lo suficiente, por no hablar de descansar. La sociedad no nos motiva a tomarnos un tiempo de descanso y a hacer una pausa. Dedicamos la mayor parte de nuestro tiempo a hacer cosas e intentar "lograrlo". Y contamos con numerosos criterios para eso de "lograrlo". Dinero, fama, poder y estatus son medidas de éxito. La mayoría de nosotros nos esforzamos por cumplir con dichos criterios. No te equivoques: tener metas es importante. No tiene nada de malo hacer cosas, pero puedes disminuir la velocidad. Puedes concederte un respiro. Las ruedas de la carreta no se caerán.

Las pausas son una parte integral del combate de práctica en el karate. Observa a un profesional en acción y notarás que el ataque y la defensa no siempre ocurren de forma continua. Los buenos luchadores hacen una pausa para buscar aperturas, observar reacciones y revisar su estrategia. En contraste, los luchadores novatos se arrojan a un incesante flujo de ataques. Pronto se sienten exhaustos y a menudo quedan vulnerables al peligro. Lo mismo sucede en la vida: no siempre logramos más por correr más deprisa o esforzarnos más. En ocasiones es más productivo dar un paso hacia atrás y hacer una pausa.

¿Alguna vez te has sentido atorado en la vida? Ya conoces la sensación. Lo intentas todo para avanzar pero es como si desgastaras todos tus recursos y nada pareciera funcionar. La mayoría de nosotros (yo incluido) hemos vivido esta experiencia. Y lo mejor que puedes hacer cuando lo has intentado todo y nada parece funcionar es... nada. Una pausa. Quédate quieto y la acción adecuada surgirá por sí misma. La película clásica *Enter de Dragon (Operación Dragón)* de 1973 representó este enfoque muy bien cuando Bruce Lee se encontró atrapado en un elevador, sin saber qué hacer a continuación. Él se sentó. Cruzó las piernas. E hizo una pausa. Después de un momento apareció su ruta de escape. En ocasiones solo necesitamos aceptar la situación actual y ver qué sucede. La acción que surge de estos cimientos sí funciona. Hay claridad en la quietud.

Sin embargo, disminuir la velocidad no solo se refiere al movimiento del cuerpo sino también al de la mente. Incluso cuando el cuerpo descansa, la mente puede correr a toda velocidad. Cuando te aceleras es como si tu mente escapara de tu cabeza (si es allí donde vive). Pero cuando haces una pausa mental, la recuperas. Aun cuando te relajas en tu sofá, si tu mente no descansa, tampoco tú. El acelere mental es como correr en el mismo sitio: no llegas a ningún lado, pero de todos modos te sientes exhausto.

Para descansar tu mente, concéntrate en el momento. Deja de reproducir sucesos del pasado o de pensar cómo sería la situación en el futuro. Reconoce dónde te encuentras y lo que sucede en este momento. Tómate un descanso. Disminuye la velocidad. Haz una pausa.

CAPÍTULO 33

Planear

Ahora estoy seguro de que no necesitas que te insista en el motivo por el cual debemos planear. Todos hemos escuchado el antiguo dicho: "Si no logras planear, planeas no lograr". De hecho, resultaría difícil encontrar un libro de desarrollo personal que no mencione la importancia de la planeación. Es como un mantra que se repite una y otra y otra..., y otra vez. Hasta da sueño. Sin embargo, ahora es el momento para despertar a la sabiduría encerrada en ese mensaje. Todo el mundo dice lo mismo por un motivo: la planeación funciona.

Cuando tienes un sueño, eres capaz de generar la pasión y el compromiso necesarios para obtener los resultados que deseas. No obstante, un sueño sin plan es inútil. Compréndelo: no es dañino soñar, siempre y cuando despiertes y pongas tu plan a trabajar cuando la alarma del reloj se apague. Esa es tu llamada para despertarte.

Convertir tu sueño en una serie de pasos manejables de acción y fijar fechas con un límite específico para ellos hace que desaparezca el elemento de "deseo". De hecho, un plan es simplemente un sueño o una meta con una fecha límite.

Considéralo de esta manera: imagina que un pariente va a casarse en una ciudad que se encuentra a 300 kilómetros de tu casa. La ceremonia comienza a las nueve de la mañana. Esa es tu meta: llegar a la boda a las nueve de la mañana. Ahora necesitas planear cómo vas a conseguirlo.

> *Un plan es simplemente un sueño o una meta con una fecha límite.*

Si decides conducir tu automóvil, eso podría significar que partieras de tu casa a las seis de la mañana, lo cual te daría tres horas para hacer el viaje. Antes de marcharte, sería prudente consultar un mapa y darte una idea de adónde te diriges. Uno nunca sabe; si exploras diferentes rutas quizá podrías encontrar un atajo. Además, sería sensato averiguar si hay obras de reparación en la carretera que también pudieran retrasar tu viaje. Lo mismo sucede con la vida. Si planeas, podrías descubrir atajos y tomar caminos con los menores obstáculos posibles.

A continuación debes pensar en los pasos que tomarás para lograr tu meta. ¿A qué velocidad deberás conducir? ¿Cuánto combustible necesitarás? ¿Requiere tu automóvil algún servicio mecánico? Estos son solo algunos aspectos que quizá debas tomar en consideración para llegar a tu destino de acuerdo con tu programa. Sé muy claro: los detalles son los que tienen el poder de mover tu plan hasta tus músculos. Entonces, piensa bien las cosas antes de actuar.

Y no olvides que los planes también tienen que ser flexibles. Tomemos a los DJ como ejemplo. Ellos preparan listas de canciones para cada fiesta, pero pueden cambiarlas u ordenar las canciones de acuerdo con la manera en que los invitados responden a la música. Cuando pongas tu plan en acción habrá momentos en que tengas que efectuar ajustes. Los planes no son estáticos. Deben ser alterados y actualizados para adaptarse a las circunstancias. En este mundo, todas las cosas cambian. La vida es cambio. Por tanto, prepárate también para cambiar tus planes.

Compréndelo: las cosas no siempre funcionan de acuerdo con el plan. No obstante, establecer una dirección hacia donde dirigirse en la vida, o cualquier otra meta significativa, es mejor que quedarse sentado y esperar que suceda lo mejor. No puedes dejarlo todo al movimiento del océano. No existe garantía alguna de que la corriente te lleve a la playa que elegiste.

CAPÍTULO 34

Jugar

Algunas personas parecen tomarse demasiado en serio todo este asunto del desarrollo personal. Tal vez lo anterior se deba a que, para algunos individuos, "lograrlo" o ganar es todo lo que importa en la vida. Yo digo que no es para tanto. Sin embargo, otras personas no se toman en serio lo suficiente. Para ellas, lo único que importa es divertirse. Tomen conciencia, es mi consejo. Como puedes ver, debemos procurar encontrar el territorio medio, porque una vida más plena requiere un equilibrio entre la actitud lúdica y la seriedad. Sí, otra vez esa palabra con "e".

> *El arrepentimiento número uno en el lecho de muerte*
> *es haberse tomado la vida demasiado en serio.*
> *Por tanto, no permitas que te suceda a ti.*

En nuestra cultura de "tener que hacer algo", a menudo hay poco tiempo para jugar y divertirnos. Sin embargo, es importante que sepas que: el arrepentimiento número uno en el lecho de muerte es haberse tomado la vida demasiado en serio. Por tanto, no permitas que te suceda a ti. Divertirte te mantendrá alejado de ese lecho durante más tiempo, porque el juego y la risa son buenos para tu salud. Ayudan a reducir el estrés y liberan endorfinas que brindan un estado natural de excitación.

Compréndelo: divertirse no implica una conducta enloquecida o imprudente. La diversión en la vida significa más sonrisas, más carcajadas y mejores relaciones.

También tiene beneficios en el trabajo. Y, tal como descubrí en el karate, ayuda a mejorar el desempeño. Chuang Tzu, el filósofo chino, lo expresó muy bien cuando dijo: "Cuando los arqueros disparan por placer, cuentan con todas sus capacidades; cuando disparan por una insignia de bronce, se ponen nerviosos; cuando disparan por un premio en oro, comienzan a ver dos blancos". Como puedes ver, cuando estás relajado, eres juguetón y no te aferras al resultado, el desempeño mejora.

Es triste decirlo, pero divertirse no es aceptable en todos los ambientes. Al principio de mi carrera, mi director me dijo que nadie me tomaría en serio si sonreía demasiado. No es broma. Algunas personas en verdad creen que deben ponerse serias para que los demás las tomen en serio. Yo no estoy de acuerdo. Si eres capaz de aligerar la atmósfera, eso demuestra confianza, control y autoridad. Más aún, si te diviertes en tu trabajo, te sentirás menos estresado, serás más tolerante con las tareas fastidiosas y obtendrás más satisfacción en él. No es trabajo arduo si te diviertes: es jugar.

Nadie ha dicho que debamos ser puras sonrisas y carcajadas. Eso sería inapropiado en la mayoría de las situaciones. Sin embargo, elige tus momentos, relájate y diviértete. Lo anterior también te ayudará a mantener tus problemas personales en perspectiva porque, si puedes reírte de tus problemas, siempre tendrás algo de lo que reírte.

CAPÍTULO 35

Preguntar

En cierta ocasión, Einstein dijo que, si estuviera a punto de ser ejecutado y solo contara con una hora para averiguar cómo salvar su vida, invertiría los primeros 55 minutos en buscar la pregunta adecuada. Después, según creía él, le tomaría menos de cinco minutos encontrar la respuesta.

Desde luego, es poco probable que nos enfrentemos a una situación como esa en la vida. Dicho de otro modo, Einstein solo quiso hacer evidente el poder de las preguntas. Sin embargo, si contamos con cinco, 500 o cinco millones de minutos para vivir, existe una pregunta que todos podemos formular y que tiene el potencial de transformar nuestra vida. Llegaré pronto a esa gran pregunta, pero antes permíteme decir lo siguiente.

Cuando éramos niños sentíamos una curiosidad natural y formulábamos preguntas sin restricciones. Queríamos saber por qué suceden las cosas. Por qué tenemos que hacer las cosas de determinada manera y por qué necesitamos hacerlas, para empezar. Preguntábamos sin cesar. Eso ocurrió hasta que la instrucción formal reemplazó nuestra curiosidad natural: "solo haz lo que te dije" y "deja de hacer preguntas".

Como adultos aún sentimos esa curiosidad natural, pero formulamos preguntas con menos libertad. Queremos saber "¿por qué?", pero no queremos parecer estúpidos, de manera que no preguntamos.

No obstante, incluso si nunca fuimos atacados por la censura de un profesor escolar, un padre opresivo o compañeros críticos, a menudo las preguntas que formulamos son erróneas. En realidad no es sorprendente: formular preguntas es una habilidad y en pocas ocasiones tenemos la oportunidad de desarrollarla. Por tanto, he aquí un curso intensivo.

Consejo principal: no formules preguntas para recopilar información; haz preguntas que activen la sabiduría. Verás, cada pregunta para recopilar información conduce a otro interrogante. Es probable que ese sea el motivo por el cual los padres se impacientan con los niños que preguntan de manera incesante: "Mamá, ¿por qué esto?", "Papá, ¿por qué lo otro?", Pero, ¿por qué?". Es una historia sin fin. Cada respuesta conduce a otra pregunta.

Espera, yo no sugiero que dejes de aprender. No hay nada de malo en un poco de conocimiento. Sin embargo, la vida no es una escuela de conocimiento: es una escuela de sabiduría.

> *La vida no es una escuela de conocimiento:*
> *es una escuela de sabiduría.*

Es como si nos hiciéramos adictos a la satisfacción de saber. No obstante, esto no dura mucho tiempo. Quizá sepamos el porqué de esto pero, ¿qué hay del porqué de lo otro? Si nos adelantamos en el tiempo, nos quedaremos con el porqué de la vida. Al final, nos estancamos. En cambio, cuando formulamos preguntas que activan la sabiduría, avanzamos. Como verás a continuación, las preguntas que activan la sabiduría conducen a soluciones, mientras que las que recopilan información no llevan a ninguna parte.

Cuando tomas este aprendizaje y lo aplicas al acertijo de Einstein, descubres cómo podría, en sentido literal, salvar tu vida. Piénsalo. Si contaras con una hora para salvar tu vida, no tendría sentido preguntar: "¿Por qué a mí? ¿Por qué me sucede esto?". Perderías tu tiempo. Te convendría más formular preguntas que activen la sabiduría: "¿Qué tengo que hacer para superar esta situación?" "¿Qué podría darme lo que deseo?" "¿Qué debo hacer?". Y si de todas maneras no encuentras una respuesta para salvarte, entonces siempre puedes preguntarte: "¿Quién elijo ser frente al rostro de la muerte?".

Así es. Allí la tenemos. Tal como prometí, la gran pregunta: "¿Quién elijo ser?". La conclusión es que sin importar los desafíos, las dificultades o las circunstancias que enfrentes en la vida, siempre puedes elegir tu actitud. Un cambio en esta tiene el potencial de impulsar un problema hacia una solución. Puede impulsarte de vivir estancado a vivir en la posibilidad. De hecho, es menos una pregunta para responder y más una guía para vivir.

CAPÍTULO 36

Relajarse

La relajación nos permite recargarnos, permanecer en calma y utilizar al máximo nuestra energía. Cuando nos relajamos, es como si le quitáramos los nudos a una manguera. Nuestra energía puede fluir con libertad, sin obstrucciones. Y cuando esta recorre nuestro cuerpo, recuperamos el impulso natural para ponernos en acción.

Sin embargo, para dar lo mejor de nosotros mismos, necesitamos un equilibrio entre tensión y relajación. Imagina lo que sucedería si perdieras la capacidad de tensar los músculos de tu cuerpo. Te derrumbarías al instante. La tensión es una parte importante de la vida. La necesitamos para hacer la mayoría de las cosas.

No obstante, vivir con tensión innecesaria es como intentar conducir un automóvil con el freno de mano a la mitad. Para avanzar a velocidad ilimitada necesitamos soltar los frenos.

La mayoría de nosotros nos hemos acostumbrado a vivir con una tensión innecesaria en nuestro cuerpo. A menudo, los hombros son el lugar más común para encontrarla. Allí es el sitio donde por tradición se nos ha enseñado a cargar los pesos de la vida. Acuérdate de soltar tus hombros y te sorprenderá la frecuencia con la cual hay algo por soltar.

La tensión innecesaria desperdicia nuestra energía como una fuga de agua que se pierde por el drenaje. Y, si continúa, con el tiempo puede provocar enfermedades físicas.

Para revertir este proceso, debemos aprender a relajarnos. Comencemos por el cuerpo. El cuerpo es el camino de llegada y el de salida.

> *La tensión innecesaria desperdicia nuestra energía como una fuga de agua que se pierde por el drenaje.*

Gran parte de la tensión en tu cuerpo no se nota porque por lo regular tu mente está enfocada afuera. Sin embargo, para relajar tu cuerpo debes estar consciente de él. Así que vuelve tu atención hacia adentro. ¿Cómo es tu postura corporal en este momento? ¿Estás desplomado sobre un sofá o encogido sobre una silla? ¿Estás cómodo? ¿Tu postura crea tensión en alguna parte de tu cuerpo? Recuerda: si tu cuerpo está tenso, desperdicias energía. Si te haces consciente de la tensión y solo te quedas con las sensaciones, ajustarás tu postura de forma natural. Y, finalmente, sentirás que la rigidez desaparece.

Relajar el cuerpo es una cosa, pero aprender a relajar la mente es igual de importante. De hecho, la tensión en la mente crea tensión en el cuerpo. Piensa en algo negativo, amargo y no saludable y de inmediato notarás una contracción en tus músculos. Compréndelo: los pensamientos dañinos lastiman al cuerpo. Aprende a relajar la mente y aprenderás cómo deshacerte de los pensamientos no saludables. Te encontrarás en camino hacia una vida más llena de energía.

Entonces, ¿cómo relajamos la mente? La clave es la respiración consciente. Por lo regular no somos conscientes de nuestra respiración y ello se debe a que, en la mayoría de las situaciones, lo hacemos sin pensar. Solo cuando algo nos quita el aliento es que nos hacemos conscientes de él. Y, cuando lo perdemos, lo cierto es que literalmente también perdemos la cabeza.

Como sabes, tu cerebro depende del oxígeno para sobrevivir. Interrumpe el suministro de oxígeno y dejará de funcionar.

Sin embargo, cuando nos enfocamos en nuestra respiración, por naturaleza recuperamos nuestra capacidad para respirar bien. Entonces, siéntate erguido. Relájate y nota cómo el aire entra y sale de tu cuerpo. No intentes respirar, solo permite que suceda. Cuando tu mente divague, tráela de regreso a tu respiración con gentileza. Esa es la manera de relajar la mente y de reclamar todas tus facultades mentales. Cuando mantenemos la mente concentrada en la respiración, la traemos al momento presente. Nos liberamos de pensamientos compulsivos. Nos sentimos y funcionamos mejor.

CAPÍTULO 37

Simplificar

El dominio de las técnicas de karate significa obtener la máxima recompensa posible de la energía que inviertes. Los combatientes hábiles no realizan movimientos innecesarios. Simplifican sus técnicas de manera que puedan ejecutarlas con la máxima eficiencia. Sus manos no trazan círculos en el aire antes de golpear. Toman el camino más corto hasta el blanco. Comprenden que el golpe simple es el más poderoso. Por tanto, evitan el empleo de técnicas complejas. En resumen: simplifican.

El paralelo en la vida es el siguiente: a menudo realizamos demasiados movimientos innecesarios: perseguimos la casa más grande, el automóvil más veloz o el yate más espacioso. Siempre queremos más. Más dinero. Más fama. Más aparatos. Más zapatos. Y terminamos por tener que hacer más para obtener más.

En última instancia, nuestros antojos y deseos nos conducen a una vida más complicada. Perseguimos *deseos* en lugar de *necesidades*. Intentamos estar a la par con nuestros vecinos y acabamos por trabajar más horas, conseguir empleos adicionales y sentirnos más estresados.

La solución: reduce tus *deseos* y tu vida se simplificará. La mejor manera de lograrlo es elaborar una lista de todas las cosas que necesitas y luego eliminar las que no sean esenciales; es decir, los *deseos*. Aquí tienes que ser muy claro porque con frecuencia los *deseos* se cuelan a tu lista y se disfrazan de *necesidades*.

Como sabes, la mente tiende a justificar las cosas que en realidad no necesitas en la vida. Si tienes dificultades para eliminar un concepto, pregúntate: "¿Esto me brindará una gratificación temporal o una satisfacción duradera?". Si no te va a satisfacer plenamente, entonces no es una necesidad. En otras palabras: si no te satisface, descártalo.

Si no te va a satisfacer plenamente, descártalo.

Ponte en acción: simplifica tu vida. Hazla menos compleja. Prioriza las actividades que tengas que hacer. Ocúpate de una tarea a la vez. No comiences algo a menos que puedas terminarlo. Renuncia a ciertas cosas. Recuerda quién y qué es lo más importante en tu vida y olvídate del resto. Sigue a tu corazón. Aprende a decir "no". Sé asertivo. Piensa con rectitud. Habla con rectitud. Expresa mucho con pocas palabras. Y, recuerda, mientras más simple sea tu vida, más rica será. En dos palabras, eso es "simplificar".

CAPÍTULO 38

Esforzarse

El desarrollo llega cuando levantas los brazos y te estiras. Es el resultado de moverte hasta el borde de tu zona de comodidad y pasar un poco más allá el punto de resistencia. Se refiere a enfrentar y superar los desafíos. Cuando buscas nuevas alturas y desarrollas habilidades desconocidas, es más probable que te sientas satisfecho con la vida. Sin embargo, no estires tus límites hasta el punto del dolor. ¿Incomodidad? Sí. ¿Dolor? No. En otras palabras, olvídate de eso de que sin dolor no hay ganancia. Mejor recuerda que sin incomodidad no hay desarrollo.

En el karate, muchas de las combinaciones y rutinas no serían muy prácticas en un combate real. No obstante, actúan como ejercicios para sobrepasar los límites y ayudan a desarrollar flexibilidad, fortaleza, equilibrio y coordinación; es decir, todas las cualidades que resultarán útiles en un combate.

Cuando entrenamos de esta manera aprendemos a tolerar la incomodidad y desarrollamos la voluntad para avanzar a través de ella. Es la única manera de mejorar. Lo mismo sucede con la vida. Es en el borde de tu zona de comodidad donde encuentras el siguiente nivel de tu desarrollo. Entonces, si hay algo que te hace sentir incómodo, obsérvalo con atención: es tu puerta de entrada hacia una vida más satisfactoria.

Compréndelo: todos necesitamos pasar cierta incomodidad para desarrollarnos, para establecer metas desafiantes. No hay mucha diversión en un juego que puedes ganar con facilidad.

Cuando tienes que estirarte para obtener el éxito, obtienes una sensación de satisfacción por el logro. Por tanto, establece metas que te saquen de tu zona de comodidad. Busca nuevas alturas. Desarrolla nuevas habilidades. Eso te hará sentir más vivo y satisfecho.

En todos nosotros existe una tendencia a permanecer cómodos, tanto a nivel físico como mental. Sin embargo, así es como nos volvemos rígidos. Nos resistimos al cambio. No aprendemos nada nuevo y no crecemos. Por tanto, estira a diario tanto tu cuerpo como tu mente. Haz algo que te haga sentir incómodo.

> *Cuando estamos cómodos nos volvemos rígidos.*
> *Nos resistimos al cambio.*
> *No aprendemos nada nuevo y no crecemos.*

Intenta lo siguiente: párate junto a una pared, mantén tus pies apoyados en el suelo y, con el brazo recto, averigua cuán lejos puedes llegar hacia arriba. Cuando alcances tu límite, intenta un uno por ciento adicional. Averigua si puedes estirarte un poco más. La mayoría de la gente puede hacerlo. Siempre hay un pequeño esfuerzo adicional que podemos dar cuando nos encontramos en el borde de nuestros límites.

CAPÍTULO 39

Confiar

Imagina que te propongo realizar un sencillo juego de confianza. Sitúate frente a mí de espaldas. Yo me aseguraré de que exista una distancia de un metro entre nosotros. Ahora, déjate caer hacia atrás y mantén tu cuerpo recto. No mires alrededor porque yo voy a atraparte. ¿Confiarías en mí? Tu respuesta puede estar determinada por numerosos factores. Quizá lo primero que querrías saber es si podré sostener tu peso. Después es probable que quieras que te demuestre mi habilidad con otra persona. Sin duda, una cantidad consistente de atrapadas exitosas disminuiría tu temor y tu percepción de riesgo.

Sin embargo, mi desempeño y registro no son los únicos factores que determinarían cuánto podrías confiar en mí. Todos tenemos nuestra historia personal en lo que se refiere a confiar en la gente. Unos antecedentes llenos de experiencias confiables podrían hacer que te resultara fácil confiar. Por el contrario, haber sufrido episodios en los que alguien traicionó tu confianza podría haberte causado un gran escepticismo hacia cualquier persona, sin importar lo que sepas de ella. Ninguna postura es mejor que la otra. Ambas pueden producir resultados buenos y malos. Por ejemplo, demasiada confianza puede provocar decisiones imprudentes, mientras que haber sentido que traicionaron tu confianza puede volverte menos ingenuo y susceptible a que te vean la cara.

No existe una fórmula universal para evaluar la confianza. Desde luego, es razonable observar las acciones de una persona durante cierto tiempo antes de fiarte de ella. No obstante, nunca podemos estar seguros por completo de sus acciones futuras. Entonces, llega un momento en que debes confiar en tu propio juicio. En el fondo, la confianza regresa a ti. La gente nunca puede obligarte a confiar en ella. Tú debes decidir darla. En cierto sentido, la confianza es justo eso: un obsequio.

> *Llega un momento en que debes confiar en tus propios juicios.*

Las relaciones se construyen sobre la confianza. Sin embargo, lo anterior no significa que tengamos que confiar en una persona en cualquier dominio sin haber forjado antes un vínculo con ella. La confianza no es un concepto de todo o nada. Por tanto, si intentas reconstruir la confianza en una persona, recuerda que siempre hay algo que puedas encontrar para fiarte de ella. La gente siempre demostrará una consistencia en algún área de su vida...; aun cuando sea el hecho de que sus palabras y acciones son siempre inconsistentes. Esto puede sonar extraño pero, una vez que sepas qué esperar de otro individuo, bueno o malo, te encontrarás en una mejor posición para reconstruir la confianza.

CAPÍTULO 40

Ganar

Para algunas personas, todo es un concurso. Siempre intentan ser los primeros, llegar hasta arriba o ser los número uno. Compiten para tener lo último del artículo que sea. En el trabajo buscan el progreso constante y actúan como guerreros en batalla contra el enemigo.

No me malinterpretes. No hay nada de malo en intentar ser el mejor, ganar o ser el número uno. De hecho, la voluntad de ganar es una fuente importante de motivación. Brinda impulso y determinación. Sin embargo, para ganar en la vida, merece la pena recordar esa palabra con "e" una vez más: equilibrio.

Si ganar es el único motivo por el cual participas en una actividad, entonces buscas problemas. Cuando tu vida se centre en una sola cosa, esa sola cosa puede derrumbarte. Así que aléjate un poco. Contempla el panorama general. Busca el equilibrio. Como cualquier atleta profesional te diría: ganar es importante pero no lo es todo.

Es cierto que perder no es fácil; en especial cuando tus emociones dependen del resultado. Ganar se siente mejor, claro está. De hecho, para la mayoría de la gente, su valor personal está envuelto en el hecho de ganar. Pero esa envoltura es fácil de desentrañar. Existe, sin embargo, una estrategia alternativa.

Es una estrategia probada y comprobada. Una estrategia que te protege de los peligros que yacen en el camino a ser el mejor.

¿Y cuál es? En resumen: trata igual al éxito y al fracaso. ¿Por qué? Porque, tarde o temprano, la emoción de ganar se desvanecerá y, muy pronto, tendrás que comenzar a trabajar para ganar de nuevo. Como ves, al final el resultado es el mismo. Si pierdes, tienes que trabajar. Si ganas, también tienes que trabajar. Lo anterior no significa que no debas disfrutar tus éxitos. No obstante, el júbilo de ganar es transitorio y también lo es la decepción de perder. Mientras antes permitas que pasen estos sentimientos, antes podrás regresar al proceso. El cual, al final, es la verdadera meta.

Es correcto. Al final, ganar se refiere al proceso y no al resultado. Dicho de otro modo: necesitas liberarte de ganar. Esto puede sonar como "confusionismo" en lugar de "confucianismo", la filosofía china de donde se originó la idea. Sin embargo, tiene todo el sentido. Como he aprendido en el karate, tan pronto como comienzas a enfocarte en la meta, dejas de escuchar al cuerpo. Pierdes la conexión mente-cuerpo, la cual es esencial para la excelencia. Lo mismo sucede en la vida: enfocarte en el premio te vincula con el resultado, mientras que enfocarte en el proceso te permite acceder a tu potencial e incrementar tu diversión.

La mejor estrategia para ganar
es una actitud de determinación desapegada.

La conclusión es que la mejor estrategia para ganar es una actitud de determinación desapegada. Sin embargo, recuerda que el trayecto es más importante que el premio. Por tanto, esfuérzate al máximo. Aprende de tus errores. Y disfruta el proceso. Ese es el camino hacia el éxito.

PARTE TRES

El entendimiento correcto

CAPÍTULO 41

Conciencia

Si conocerte a ti mismo es el inicio de toda sabiduría, entonces has de saber lo siguiente: no existe un tú mismo. No bromeo contigo. El concepto de uno mismo es una ilusión. Sé que lo anterior puede ser difícil de asimilar de una vez, de manera que voy a dividirlo en partes digeribles. Tal vez entonces puedas ahorrarte un poco de dinero en ese viaje alrededor del mundo (o hasta la cima de esa montaña) en busca de ti mismo.

Aquí vamos. Primero, permíteme ser claro: no existe el tú mismo, pero eso no significa que no seas real (obviamente). Lo que significa, sin embargo, es que no existe un tú mismo constante. No existe un tú mismo fijo, inmutable y permanente.

Piénsalo un momento. ¿Cómo te describes a ti mismo? Te describes por tu aspecto: "Soy alto, con cabello oscuro". Te describes por lo que haces: "Soy corredor de maratones". Te describes por lo que piensas: "Creo que los sucesos externos son la causa de la mayoría de las miserias humanas". Y te describes por lo que sientes: "Me siento ansioso ante cualquier cosa desconocida, incierta o que pueda ser peligrosa". ¿Lo ves? Ninguna de esas características es permanente. Desde luego, algunas de ellas pueden mantenerse durante mucho tiempo más que las otras. Incluso pueden repetirse; pero, a diversos grados, todas cambian. En otras palabras: tú eres un proceso, no un resultado.

Parte dos. Ahora que espero haber cortado las raíces de la idea de un tú mismo fijo, constante y permanente, permíteme regresar al tema central de este capítulo: conciencia. Como podrás ver, existe otro importante aspecto de nosotros pero, sin importar cuánto lo intentemos, este no puede describirse en su totalidad. Se trata del inmutable proceso de la conciencia.

La conciencia es lo que nos hace conscientes de nuestro entorno y de nuestra experiencia. Sin ella, no habría mundo. Es una parte permanente de nosotros. Por tanto, si has envejecido visiblemente durante los últimos diez años pero aún sientes que eres la misma persona, entonces quizá se deba a que tu conciencia, esto es, los lentes a través de los cuales percibes el mundo, no han cambiado. En cierto sentido, la conciencia es quien tú eres en el nivel más fundamental. No podemos ver la conciencia de la misma manera que no podemos ver nuestros propios ojos. La conciencia es quien ve. Ni siquiera podemos ubicarla. No deja huella. No es una cosa; pero, en cierto sentido, lo es todo.

> *La conciencia es quien tú eres*
> *en el nivel más fundamental.*

No quiero que te pierdas con mis devaneos filosóficos, de manera que permíteme retomar el hilo. Parte tres. El punto central aquí es que es raro que actuemos a partir de la perspectiva de la conciencia pura. A menudo colocamos capas sobre lo que experimentamos. Esas capas están formadas por nuestra tendencia natural a escuchar lo que queremos escuchar y a ver lo que queremos ver. Así creamos estereotipos, comprometemos nuestras relaciones y tomamos malas decisiones con base en información imprecisa. Ese es el problema.

Ahora, he aquí la solución. No juzgues... observa. Nota lo que en realidad sucede, en lugar de perderte en tus fantasías, recuerdos, esperanzas y temores. Deshazte de las capas y, en cambio, observa a través de la perspectiva de la conciencia pura.

CAPÍTULO 42

Control

Existe la idea común en la autoayuda de que podemos manipular o controlar la vida. Crear nuestra propia realidad. Hacer que las cosas sucedan. Y, si no lo hacemos, bueno, tenemos que esforzarnos más. Creer con más fuerza. Sentirlo más y etcétera. Sin embargo, todos estos consejos tienden a confundir.

No te equivoques. Es saludable tener una sensación de control en la vida. Sin ella no habría motivo alguno para elaborar planes, establecer metas y efectuar acciones. Incluso si nuestra sensación de control es una ilusión, resulta útil. El problema es que el mantra de "tú puedes crear tu propia realidad" da la impresión de que tenemos el control total cuando es muy evidente que no es así. Recuerda: la vida cambia y no siempre lo hará en la dirección que elijas.

Sin embargo, tratamos de tener el control absoluto. Intentamos dirigir al mundo hacia un rumbo distinto. Es como si creyéramos que podemos detener la rotación del globo terráqueo con solo sujetarlo con nuestros brazos. Eso no es posible. El mundo nos llevará adonde vaya. No obstante, en nuestra lucha por lograr el control nos esforzamos, avanzamos más rápido, lo intentamos con más empeño y apretamos más fuerte. Sin embargo, la vida jamás podrá someterse al control total.

No me malinterpretes. No hay nada de malo en tener preferencias ni en trabajar hacia la meta de una vida mejor. ¿Quién no quiere ser saludable, rico o divertirse? Pero cuando no podemos hacer que nuestras preferencias sucedan, tenemos que estar dispuestos a aceptarlo y a vivir con ello. Lo anterior no significa que renunciemos a la esperanza de un futuro mejor. Sino que tratemos de sacar lo mejor que tenemos. Desde luego, tal vez no seamos capaces de controlar el mundo externo, pero siempre podemos elegir nuestra actitud frente a ello.

Pero no nos detenemos aquí. También intentamos controlar a la gente. Queremos mantenerla bajo nuestro puño para que no nos haga daño. Entonces, revisamos el teléfono de nuestra pareja, husmeamos por allí y la acosamos para que no tenga la oportunidad de ser infiel. Sabemos que nuestra conducta no es correcta, pero sentimos el deseo desesperado de evitar el dolor emocional. Sin embargo, no comprendemos que, así como es imposible controlar el mundo, también es imposible controlar a otras personas.

De hecho, no existen muchas cosas que puedas controlar en la vida, pero siempre puedes tomar el control de ti mismo. Existe el riesgo de que pases por alto este punto, así que lo diré una vez más de otra manera: sin importar lo que te suceda, siempre puedes decidir cómo ser frente a ello. Entonces, si perdiste tu empleo, ¿elegirás sentirte desmoralizado, abatido, tratado de forma injusta, o sentirte emocionado ante la perspectiva de iniciar una nueva carrera? Siempre existe más que una actitud que puedes adoptar.

Siempre puedes tomar el control de ti mismo.

Para resumir: la vida no siempre nos complacerá. Y cuando no lo haga, debemos permitirle seguir su camino porque es probable que nos lleve adonde tengamos que estar. Si somos honestos, no siempre tomamos decisiones correctas. No siempre sabemos lo que es mejor para nosotros.

Quizá sea una bendición que no tengamos un control total. Imagina si así fuera: es probable que multiplicáramos por diez nuestros problemas.

Entonces, no luches contra la vida todo el tiempo. Elige tus batallas. Cuando las cosas estén fuera de tu control, ahorra tus energías. Acepta lo que se te ofrece sin aferrarte a tus preferencias. Si no puedes controlarlo, déjate llevar. Esa es la manera de transformar la vida.

CAPÍTULO 43

Tranquilidad

Incluso antes de que pusiéramos un pie en esta Tierra, firmamos un contrato que nos obliga a hacer un esfuerzo. No es sorprendente que los bebés lloren al llegar. En este mundo no existe nada gratuito. Si quieres cenar, más te vale dejarlo bien claro. Y la situación no mejora para nosotros, los adultos. Para hacer que nuestra vida funcione, debemos hacer un esfuerzo aún más grande.

Sin embargo, la mayoría de nosotros deseamos una vida fácil. Queremos los frutos sin el trabajo. Por tanto, jugamos a la lotería, apostamos y corremos riesgos con la esperanza de hacernos ricos. Entonces, si somos afortunados, podemos tenerlo todo sin el trabajo arduo. No obstante, una vida fácil no llega sin esfuerzo. Incluso los ganadores de lotería descubren que sus riquezas no pueden impedir que las malas hierbas crezcan en su jardín o que sus zapatos se raspen. Hace falta trabajo para mantener las cosas materiales y, con el tiempo, todo se desgasta. Nada perdura para siempre; ni siquiera un premio de diez millones.

Sin embargo, tal parece que nunca dejamos de desear algo a cambio de nada. Anhelamos todo, sin esfuerzo. Entonces, la vida se complica. No es sorprendente que la ilusión de obtener algo a cambio de nada haga más difícil que logremos lo que en realidad deseamos.

La mayoría de nosotros parecemos confundir esfuerzo con lucha. Esfuerzo es invertir energía en una actividad. La lucha es esfuerzo sumado a derroche de energía y desesperación. Quizá la confusión se derive de una reminiscencia de la niñez, cuando a menudo nos decían que hiciéramos un esfuerzo. Esfuérzate más. Inténtalo con más ganas. Como puedes ver, en nuestra infancia no siempre comprendimos con claridad lo que debíamos realizar o cómo abordar un trabajo. Por tanto, cuando realizábamos un esfuerzo mayor y los resultados no eran los esperados, nos frustrábamos, nos tensábamos y lo intentábamos aún con más empeño. Pronto, hacer un esfuerzo se convirtió en sinónimo de lucha.

Veo este condicionamiento en acción cuando los adultos practican karate. Si les pides que lo intenten con más empeño, automáticamente tensan el cuerpo, lo cual interfiere con su desempeño. Se vuelven pesados y tienen que trabajar contra los músculos que retienen a aquellos que necesitan utilizar. En resumen: más esfuerzo produce menos progreso. Terminan por sentirse exhaustos cuando deberían sentirse renovados. Lo mismo sucede con la vida: la tensión en la mente y el cuerpo de las personas produce luchas innecesarias y una aversión a hacer un esfuerzo. La mejor estrategia es la siguiente: relájate ante el esfuerzo. Serás más receptivo a los momentos en que sea necesario un buen empujón y cuando no lo sea.

Más esfuerzo produce menos progreso.

Y he aquí otro punto importante.

Para lograr cualquier meta valiosa en la vida, tienes que trabajar por ella. Sin embargo, ten cuidado de no apegarte demasiado al resultado final.

La vida se vuelve ardua si te aferras a los resultados o si siempre quieres que sea distinta a lo que ya es.

Para tener una vida más fácil, lo que necesitas hacer es equilibrar tu deseo de cambiar con una aceptación de las situaciones tal como son ahora mismo. Desde luego, esfuérzate por mejorar tu vida, pero primero sitúate en el estado adecuado. Cuando aceptas tu situación actual y la persona que eres en este momento, tu mentalidad será la más apropiada para efectuar mejoras. Compréndelo: si realizas tus esfuerzos a partir de esta perspectiva, puedes relajarte en tus propósitos. Y no habrá lucha.

CAPÍTULO 44

Energía

La energía determina nuestra capacidad para proceder en el mundo. La utilizamos para todo lo que hacemos, desde leer un libro hasta preparar la cena o hacer el amor. Resulta claro que, mientras más energía sintamos, más plena será nuestra vida. Pero, ¿cómo podemos incrementarla?

La nutrición buena y saludable y el aire que respiramos son nuestras principales fuentes de energía. En esencia, el alimento se combina con el oxígeno para proveernos combustible. Sin embargo, así como un automóvil combina gasolina y aire para dar poder al motor, la combinación alimento-aire produce sustancias dañinas de desecho (o, en términos más técnicos, radicales libres). Te explicaré todo en un momento; pero, antes de que lo haga, comprende lo siguiente.

Los humanos han sido creados para sobrevivir. Sin embargo, resulta interesante que la supervivencia de la especie sea más importante que tu existencia individual. En otras palabras, dada la opción entre reproducción y reparación, tu cuerpo elegirá hacer bebés. Es como si fuéramos mártires de la causa de la existencia humana y sacrificáramos todo por el bien de la especie. Pero, oye, cuando menos podemos divertirnos en el proceso. En cualquier caso, el punto principal aquí es que no podemos controlar la asignación de energía del cuerpo. Sin embargo, sí podemos controlar la demanda que imponemos sobre la función de mantenimiento y reparación. Entonces, si lo que queremos es energía, allí es donde debemos buscar.

Volvamos a los radicales libres.

Cuando el alimento se combina con el oxígeno en el cuerpo para producir energía, los subproductos son diversas sustancias destructivas llamadas radicales libres. No obstante, tu cuerpo cuenta con un gran sistema defensivo para eliminarlos: produce antioxidantes que los aniquilan. Sin embargo, si tu cuerpo se satura de cosas malas, busca ayuda en otros sitios. Depende de los nutrientes en los alimentos. El problema es que la dieta promedio carece de los nutrientes que pueden ayudar: los antioxidantes. Entonces, el cuerpo se daña, envejece pronto y desperdicia energía en la eliminación de basura.

De hecho, para la mayoría de la gente una importante pérdida de energía es el intento del cuerpo de eliminar los ingredientes artificiales de cualesquiera nutrientes que pueda encontrar. En términos literales, tiene que separar el trigo de la paja. Y, a menudo, ese esfuerzo es excesivo porque hay más paja que trigo. Entonces, en lugar de llenarnos de energía, el alimento que comemos nos hace sentir mal. Esto da inicio a un círculo vicioso porque el cuerpo nos obliga a comer más para obtener los nutrientes que necesita con desesperación. Sin embargo, mucha gente termina por consumir más alimentos procesados. Y en vez de sentirse bien y energizada, se siente gorda y fatigada.

¿Quieres sentir que tienes más energía?
Entonces comienza por tu dieta.

¿Quieres sentir que tienes más energía? Entonces comienza por tu dieta. Consume alimentos ricos en nutrientes, no procesados y de base vegetal. En términos generales, las frutas y verduras de colores más oscuros tienen niveles más elevados de antioxidantes. Por ejemplo: las uvas rojas, los arándanos, el brócoli y las espinacas tienen altos niveles de antioxidantes. Entonces, comienza por incluir algunos de estos buenos alimentos en tu dieta hoy mismo.

Dicho todo lo anterior, incrementar los niveles de energía no solo se refiere a la nutrición. Existen otras cosas que afectan el mantenimiento y la función reparadora del cuerpo. Por ejemplo, el entrenamiento exagerado puede generar radicales libres. Entonces, ejercítate más pero en cantidades moderadas. La tensión excesiva y los pensamientos negativos también desperdician tu energía. Por tanto, practica ejercicios de relajación y genera menos pensamientos conflictivos.

Para resumir: si quieres sentirte y funcionar mejor, necesitas dar menos trabajo al sistema de mantenimiento y reparación del cuerpo. Por tanto, haz ejercicio, come alimentos ricos en nutrientes y genera pensamientos que promuevan la energía y la salud, en lugar de la fatiga y el envejecimiento prematuro.

CAPÍTULO 45

Fe

Antes que nada la conclusión: la fe se refiere a la confianza. Por ejemplo, si salto de un avión, pongo mi fe en el paracaídas a mi espalda. Después confío en que se abrirá cuando jale la cuerda. Sin embargo, no puedo tener una certeza absoluta de que se abrirá sino hasta que yo lo intente, a 900 metros del suelo. Lo mismo ocurre con la vida.

Yo creo que la vida quiere que crezcamos. Y mi fe en el proceso de desarrollo es como mi fe en que el paracaídas se abrirá. No existe una evidencia concreta de que la vida intenta desarrollarme o de que siempre tendrá presente lo que más me conviene; no obstante, mi fe en esa idea me mantiene en movimiento, en crecimiento y mejorando.

En otras palabras, esta es mi actitud: sin importar lo que me suceda, al final siempre será lo mejor para mí. Verás, el karate me ha enseñado que hay que jugar para ganar, incluso si creemos que las probabilidades no están a nuestro favor.

Esta mentalidad siempre incrementará tus oportunidades de éxito porque, si crees que la vida está en tu contra, cuando las cosas se pongan difíciles podrías no contar con la motivación suficiente para mejorarlas. Por tanto, confía en que las cosas funcionarán bien al final. Esta es una perspectiva saludable. No solo te ayuda a empezar sino que te mantiene en movimiento; en especial cuando enfrentas obstáculos mayúsculos. Recuerda: quien cree, lo logra.

Pero no me malinterpretes. No predico la fe ciega. La fe no es esperanza. No es esperar milagros: seres humanos que vuelen sin ayuda o cualquier otra cosa igual de improbable. La fe es activa. Así que, por supuesto, revisa tu paracaídas antes de despegar. No tiene sentido vivir de manera imprudente. No obstante, una vez que termines tus revisiones, que hayas hecho todo lo posible por asegurar un aterrizaje a salvo, pon tu fe en el paracaídas: el proceso de desarrollo de la vida.

Compréndelo: la fe es lo más importante cuando lidiamos con altos niveles de incertidumbre. Y eso incluye cualquier meta significativa en la vida. Pero para vivir una vida mejor y más satisfactoria, tenemos que sentirnos cómodos con lo desconocido. Necesitamos confiar en todo lo que traiga cada momento.

Necesitamos fe en la perfección de la vida. Aquí y ahora, la vida es como es porque así tiene que ser. Lo que *sea*, está bien. Cualquier situación en la cual nos encontremos es la mejor para nosotros. Esta es una manera útil de pensar. Pero si adoptas esta perspectiva, es importante que seas totalmente consciente de que no siempre parecerá que la vida vela por ti. Cuando las cosas de verdad se compliquen, en lugar de apoyarte podría parecer que la vida te castiga, como si hubieras hecho algo mal.

> *La fe es lo más importante cuando lidiamos con altos niveles de incertidumbre.*

Pero nunca lo olvides: no estamos aquí para recibir castigos; sino para desarrollarnos. Así como un sabio maestro de karate sabe cuándo golpear y cuán severo ser con sus alumnos, la vida te brinda la cantidad adecuada de desafíos que requieres para que vuelvas a lo que es mejor en tu interior. Entonces, si no ganas, mejoras u obtienes lo que deseas en la vida, busca la lección y ten fe en que podrás encontrarla.

CAPÍTULO 46

Libertad

La vida en este planeta está llena de restricciones. Las leyes físicas gobiernan nuestras acciones cotidianas, restringen nuestros movimientos y definen nuestra manera de vivir. Sin embargo, las posibilidades dentro de esas restricciones físicas son infinitas. Piénsalo de esta manera: las teclas de un piano restringen a los pianistas; no obstante, la música que ellos pueden crear es ilimitada.

Por tanto, ¿en realidad tendría sentido que los pianistas desearan un teclado más grande, más brazos o tener dedos adicionales? ¿En realidad necesitan liberarse de las restricciones, cuando pueden hacer tanto dentro de ellas? La vida es igual: intentamos escapar con todas nuestras fuerzas, cuando toda la libertad que necesitamos está dentro.

Para muchos de nosotros, la libertad es la licencia para hacer lo que queramos, cuando queramos..., sin repercusiones. Por ejemplo, queremos libertad para presentarnos a trabajar a cualquier hora. Queremos libertad para decir lo que nos plazca y cuando nos plazca. Queremos libertad para fumar o drogarnos. Pero, ¿es realmente eso lo que significa ser libres? Claro que no. La verdadera libertad proviene del interior. Una autoridad externa no la otorga. Lo que en realidad importa es la libertad de los hábitos mentales: impulsos, pensamientos no saludables y la motivación de la conducta habitual.

Verás, el deseo de libertad con frecuencia es un deseo de no sufrir dolor. Observa con atención tus vicios, malos hábitos o adicciones y notarás que son intentos de evitar sentimientos desagradables. Pensamos que, si viviéramos libres y buscáramos cualquier experiencia placentera, cualquier emoción, quizá no sentiríamos dolor. Y tememos la falta de libertad porque podría restringir nuestra capacidad para procurarnos placer y evitar la incomodidad. Todos buscamos no sufrir. Sin embargo, la mayoría de nosotros lo hacemos en los lugares equivocados. Aunque suene a paradoja, es en las molestias donde encontramos la verdadera libertad. En otras palabras, si no queremos dolor, tenemos que aprender cómo enfrentarlo. Debemos mirar hacia adentro, no hacia afuera.

> *El deseo de libertad con frecuencia es un deseo de no sufrir dolor.*

Es un camino accidentado. La vida tiene muchos altibajos. Y es parte de la naturaleza humana desear controlar las bajas. De hecho, la mayor parte de nuestra vida se enfoca en el manejo de las dificultades y de la incomodidad que viene con ellas.

No obstante, intentar controlar el dolor es como tratar de contener las olas del océano con las manos. No puedes contenerlas, pero puedes aprender a montarlas.

Todos estamos limitados. En términos emocionales y físicos. Y en cierto sentido, estamos limitados en nuestra capacidad para experimentar el placer. Francamente, no fuimos construidos para estar libres de dolor, así como no fuimos construidos para tener más de dos brazos. Así que tenemos que aceptar que este siempre formará parte de la vida y aprender a manejarlo. Con esta perspectiva, es menos probable que seas un esclavo de tu solución. Y es más probable que experimentes la verdadera libertad.

CAPÍTULO 47

Metas

Todos nos fijamos metas. Piensa en lo siguiente: si necesitas abordar un tren a las ocho de la mañana, llegas a la estación un par de minutos antes. Tal vez llegues tarde y lo pierdas, pero solo te pasará algunas veces antes de que te canses de perderlo. Pronto te organizarás para llegar más temprano o decidirás abordar uno que parta más tarde. Eso es establecer metas.

No podríamos sobrevivir durante mucho tiempo sin establecer metas. Estas son lo que nos mantiene en movimiento. ¿Con cuánta frecuencia escuchamos que una persona se jubila a los 60 años de edad y fallece unos cuantos meses después? Cuando no tenemos un propósito en la vida, sueños o metas, hasta allí llegamos. Fin del juego.

El problema con las metas es que la gente se aferra al producto o al resultado final, cuando debería enfocarse en el proceso. Recuerdo la historia de un estudiante que se acerca a su maestro de karate y le pregunta: "¿Cuánto tiempo me tomará obtener una cinta negra?". El maestro responde: "Cinco años". Entonces, el estudiante pregunta: "¿Y si entreno tres días por semana?". "Diez años", responde el maestro. El estudiante pregunta de nuevo: "¿Y si entreno seis días por semana?". En esta ocasión, el maestro responde: "15 años".

El punto es el siguiente: enfócate en cumplir tu meta en el presente. Haz lo que sea necesario, lección por lección, y con el tiempo obtendrás la cinta negra.

No te equivoques: está bien contemplar el pasado y aprender de él, imaginar el futuro y hacer planes. Pero para mejorar el presente, siempre debes volver..., ya lo adivinaste, al presente.

Pero espera. Eso no es todo. Necesitas estar consciente de otro peligro inherente al establecer metas. Permíteme explicártelo. Establecemos metas para salvar una distancia: la distancia que existe entre las cosas como son y la manera en que creemos que deberían ser.

El problema con esta perspectiva es que tendemos a enfocarnos en la distancia, en especial cuando enfrentamos grandes obstáculos, lo cual nos hace sentir infelices. Nuestro sentimiento de descontento apaga nuestra motivación y nos aleja más de nuestra meta.

Para la mayoría de la gente la felicidad es un subproducto del logro. El problema ocurre cuando finalmente te percatas de que no siempre puedes manipular o controlar la vida.

No siempre puedes hacer que las cosas sucedan. No siempre lograrás lo que deseas, cuando lo desees. Es entonces cuando ataca la infelicidad. En esos momentos, si te enfocas en la distancia al comparar donde te encuentras contra donde deseas estar, incrementarás la distancia y tu tristeza.

Lo importante no es lo que obtienes cuando alcanzas tus metas. Lo importante es en lo que te conviertes.

Entonces, ¿qué puedes hacer? El karate ofrece un punto de vista alternativo para establecer metas. Te enseña a tratarlas solo como algo que te propones y a aceptar que no siempre las alcanzarás. Lo fundamental es que te enseña que lo importante no es lo que obtienes cuando alcanzas tus metas. Lo importantes es en lo que te conviertes.

CAPÍTULO 48

Salud

Se dice que el cuerpo es un templo. Tonterías. Es un milagro formidable. Dime: ¿en qué lugar de la Tierra puedes encontrar una máquina que pueda digerir alimentos y transformar los nutrientes en energía, circular fluidos para nutrir y limpiar, reproducirse y recrear, y luego llamarse templo?

Cuando piensas en lo que el cuerpo puede hacer, es asombroso. Y, tal vez, la más grandiosa de sus características es su capacidad para limpiarse y curarse a sí mismo. Desde luego, tenemos automóviles que convierten el combustible en energía, que hacen circular agua para enfriarse y limpiarse. Sin embargo, ¿dónde puedes encontrar una máquina que cuente con un sistema que repare su propia carrocería dañada?

La mayoría de nosotros damos por hecho la capacidad del cuerpo para curarse y limpiarse a sí mismo. Con frecuencia, el sistema funciona tan bien que ni siquiera tenemos que pensar en ello. No obstante, como cualquier otra máquina, sufre a causa del uso y del desgaste y necesita un mantenimiento constante. Lo extraño es que prestamos más atención a las máquinas que a nuestro propio cuerpo. Por ejemplo: alimentamos nuestros automóviles con gasolina Premium y aceites protectores, pero nos atragantamos con comida chatarra de *gourmet*.

SALUD

De acuerdo, para ser justos, comprendemos que la salud de nuestros dientes se mantiene a través de acciones diarias. Sin embargo, la mayoría de nosotros parecemos separar nuestros dientes de nuestro cuerpo (y no me refiero a utilizar dentaduras). Suponemos que el resto de nuestro cuerpo es distinto. Pensamos que su salud está en un estado permanente, cuando lo cierto es que, tal como nuestros dientes, se encuentra en un estado de deterioro..., a menos que realicemos acciones diarias.

Por tanto, esto es lo que tienes que hacer y por qué:

1. *Duerme bien.* Lo anterior significa la cantidad adecuada: de ocho a nueve horas diarias. Y de la calidad adecuada: sueño profundo y relajado. Compréndelo: durante el sueño, tu cuerpo se sana y se limpia a sí mismo. Libera las toxinas que se han acumulado a lo largo del día. Esto sucede durante las diferentes etapas del sueño. Por tanto, si no dedicas suficiente tiempo para este proceso, te quedarás con un cuerpo sucio. Permite que el proceso se desarrolle por completo y despertarás con una sensación de renovación. Saludarás al nuevo día con una sonrisa y no con un gesto enfurruñado. Recuerda: tu día sigue el curso hacia el que se inclinan las comisuras de tus labios. Por tanto, duerme bien.

2. *Come alimentos apropiados.* Los alimentos brindan combustible al cuerpo para funcionar. Come alimentos deficientes y tendrás un funcionamiento deficiente. Consúmelos durante varios años y espera algo peor: un pésimo funcionamiento. Así que, para tener una mejor salud, come proteínas magras, carbohidratos complejos y vegetales frescos. La alimentación apropiada es así de simple. Desde luego, simple no significa fácil. Sin embargo, con compromiso y disciplina, es posible. Entonces, poco a poco deshazte de la basura sintética y

procesada. Y, cuando compres comida, haz que tu lema sea: a más corta vida de aparador, más larga vida de juventud.

3 *Haz el ejercicio adecuado.* La mayoría de la gente cree que obtener y mantener la condición física necesaria para maximizar la salud requiere mucho tiempo, dolor y esfuerzo. Sin embargo, permanecer saludables es más una cuestión de tomar decisiones inteligentes, no de trabajo bruto o ejercicio excesivo. El viejo lema de "sin dolor no hay ganancia" podría ser cierto si intentas competir en un triatlón, pero no necesariamente lo es cuando se trata de promover la salud. Y recuerda: estás diseñado para moverte, no para sentarte sobre tu trasero todo el día. Entonces, si puedes moverte, muévete. Eleva tu pulso cardiaco durante al menos 20 minutos, tres veces por semana. Sin rodeos: haz ejercicio o espera expirar pronto.

> *No puedes controlar la duración de tu vida pero sí puedes agregar vida a tus años.*

Es evidente que no vivirás por siempre. No puedes controlar la duración de tu vida pero sí puedes agregar vida a tus años. En otras palabras: sí es posible permanecer joven durante más tiempo. Y la única manera de lograrlo es dormir bien, comer con inteligencia y hacer ejercicio..., o mentir sobre tu edad.

CAPÍTULO 49

Alegría

¿Aún en la búsqueda? ¿Será esta la última pieza del rompecabezas, la respuesta o el secreto que pondrá fin a la búsqueda? Dedicamos la mayor parte de nuestra vida a buscar. Y cuando no buscamos, perseguimos o evitamos; hacemos cosas de manera constante para encontrar lo que la mayoría de nosotros anhelamos: la felicidad sostenible.

Sin embargo, no comprendemos que todas estas acciones (buscar, perseguir y evitar) en realidad nos separan más de donde queremos estar. Entonces, luchamos y luchamos por la meta imposible de la felicidad sostenible. En el proceso, desviamos la mirada de lo que en realidad importa, nos distraemos y la vida pasa a nuestro lado sin que nos demos cuenta. Sin embargo, no vemos la trampa. ¿Por qué? Supongo que se debe a que nunca nos la han explicado. Desde luego, todos hemos escuchado que las cosas materiales no necesariamente producen felicidad. La vida es mucho más que..., y demás. No obstante, piensa al respecto de esta manera.

La vida es cambio; por tanto, las cosas no se mantendrán justo como nos gustaría que fueran. Siempre se adaptarán, crecerán, mejorarán, envejecerán y se desgastarán. Incluso la felicidad cambiará. Nunca se quedará cerca por siempre. Siempre vendrá y se marchará. Y esas llegadas y partidas quizá no estén separadas. Como todos sabemos, los días buenos no siempre siguen a los días malos. En ocasiones experimentamos una sucesión de días horrendos que duran semanas, meses y hasta años. No existe un patrón, certeza ni esperanza de felicidad sustentable.

Pero está bien... si permites que suceda. Verás, no necesitamos felicidad sustentable, más felicidad o una felicidad que permanezca durante más tiempo. En todo caso, eso no es lo que en realidad buscamos. Lo que en realidad queremos es realización, satisfacción y alegría duraderos. La gran noticia es que eso es algo que podemos lograr. Algo que podemos controlar. Es algo que todos podemos conseguir. Sin embargo, para obtenerlo, primero tenemos que sentirnos cómodos con la incomodidad. Esta es la estrategia:

La felicidad ocurre cuando la vida nos complace. Se acompaña de sentimientos de alegría, comodidad y agrado. Por el contrario, somos infelices cuando la vida se niega a darnos lo que deseamos. Se acompaña de sentimientos de incomodidad y dolor. Estoy seguro de que no es necesario que te lo diga, pero la vida no siempre te complacerá. Por tanto, la incomodidad y el dolor son inevitables. En el fondo solo tienes dos opciones: resistirte al dolor y a la incomodidad o aceptarlos. Yo recomiendo lo último.

Pero no me malinterpretes. No sugiero que busques el dolor de forma activa o que te lo provoques. Lo que te sugiero, no obstante, es una perspectiva diferente sobre el dolor: reconócelo, recíbelo y déjalo ser. ¿Cómo? Enfócate en la sensación de dolor en tu cuerpo.

Quédate con ella. No intentes evitarla. Por tanto, si tienes un nudo en el estómago, enfócate en esa sensación tensa e incómoda y analízala. Esa es la manera de transformarla. Y si la vida marcha bien, acepta también ese placer, sin aferrarte a él. Porque, cuando nos aferramos, nos tensamos.

La alegría no incluye tensiones. Es una aceptación total de la vida tal como es, en cada momento.

> *La alegría es amor por lo que es;*
> *la infelicidad es amor por lo que no es.*

Que te quede claro: la alegría es amor por lo que es; la infelicidad es amor por lo que no es. En otras palabras, alegría no significa intentar que la vida sea perfecta. Es percatarse de que es perfecta tal como es. Entonces, regocíjate en el placer y en el dolor, en los rayos del sol y en la lluvia. Y deja que la vida sea como es. Esa es la manera de vivir alegre.

CAPÍTULO 50

Conocimiento

Todos queremos conocimiento. Queremos saber el clima de mañana, lo que aquella persona piensa o cómo ser exitosos. El conocimiento es una materia prima muy valiosa y todos estamos dispuestos a pagar mucho dinero por ella. El conocimiento adecuado puede, literalmente, salvar tu vida. Puede protegerte de la ira de la incertidumbre y puede hacer que pesques un trabajo muy bien pagado.

El problema con el conocimiento es que no es constante. Como todo lo demás en la vida, siempre cambia. Por ejemplo: la Tierra redonda sustituyó a la idea de una Tierra plana. Y la teoría de Einstein de la relatividad suplantó la visión de Newton del universo. Tal parece que, siempre que creemos que hemos llegado al fondo, otro nivel se revela. Cada nivel es útil, desde luego, pues actúa como piedra de paso. Pero, compréndelo: la conclusión es que no hay conclusión. No existe una verdad fija ni un fin para el aprendizaje.

Todos queremos aparentar que sabemos. ¿Cuántas veces has estado en un salón de clases o en una reunión y te has sentido renuente a admitir que no sabes algo? En especial si se trata de un tema que consideras que deberías saber.

En el karate lo veo todo el tiempo. Pregunta a los estudiantes si conocen una secuencia particular de movimientos y nadie querrá admitir que no tiene ni idea. Agachan la cabeza, desvían la mirada y se comportan como si no hubieran escuchado la pregunta. Suena obvio, pero a menos que estén dispuestos a admitir que no saben algo, nunca serán capaces de aprender. Piensan que se salen con la suya, pero solo se engañan a sí mismos, no al profesor.

Entonces, ¿por qué somos tan renuentes a admitir que no tenemos una respuesta? Bueno, desde nuestros primeros años nos califican por saber cosas y nos regañan por no saberlas. La autoestima se construye sobre el conocimiento de las cosas. Observa a las personas con más confianza en sí mismas en un grupo de discusión y notarás que son aquellas que saben más. Sin conocimiento no hay comentarios. Si no hay comentarios, tú te desvaneces en el fondo. Quizá no sea tan grave si disfrutas una comida con un grupo de amigos. Sin embargo, puede limitar tu carrera si lo que intentas es impresionar a tu jefe.

El objetivo es contar con suficiente conocimiento como para no tener que sentirte inferior a alguien. Y suficiente también para saber que tampoco debes menospreciar a nadie.

Pero no nos aceleremos. La vida es mucho más que la persecución y el derroche de conocimiento. Como con todo lo demás, debemos encontrar un equilibrio. El objetivo es contar con suficiente conocimiento como para no tener que sentirte inferior a alguien. Y suficiente también para saber que no debes menospreciar a nadie. Sin embargo, si se te dificulta mirar a la gente de frente, en lugar de hacia arriba o hacia abajo, lo siguiente puede resultarte útil.

Los seres humanos, como colectivo, conocemos una enorme cantidad de información acerca del mundo en el cual vivimos. Sin embargo, mientras más sabemos, más descubrimos que no sabemos. Cada fragmento de información nueva genera otra pregunta. Y existen algunas muy grandes sin respuesta. Formula suficientes preguntas y pronto llegarás a un callejón sin salida. Siempre habrá cosas que no conozcamos.

Compréndelo: el conocimiento pierde su poder cuando lo desarmas con preguntas. Por tanto, nunca permitas que una persona con más conocimientos te haga sentir inferior. Y, por el contrario, nunca te permitas sentirte superior a quienes tengan menos conocimientos que tú.

CAPÍTULO 51

Suerte

Arroja una moneda al aire y, ¿qué es lo que obtienes? La probabilidad nos dice que es igualmente posible que caiga cara o cruz. Arroja una moneda al aire 100 veces y, ¿qué es lo que esperas ver? La mayoría de la gente espera ver un empate cerrado entre caras y cruces. Eso se aproxima a lo que yo vi. Sin embargo, lo que no esperé ver fue 15 caras seguidas. Si yo hubiera "deseado" ver caras, pensaría que soy el maestro del universo. Y si hubiera apostado a las caras durante esa secuencia, pensaría que tengo una habilidad muy valiosa.

No obstante, olvidamos, como me ocurrió a mí, que una probabilidad de 50% de obtener caras o cruces no significa que obtendremos una distribución equitativa. Las caras no siempre seguirán a las cruces. Pero cuando obtenemos una sucesión de resultados repetidos, nos resulta difícil creer que son aleatorios. Entonces concluimos que nosotros hicimos que sucediera, no que somos afortunados. O, de manera más concreta: si las cosas nos salen bien, pronto nos adjudicamos el crédito. Si no nos salen bien, pronto culpamos a los demás.

Muy en el fondo sabemos que nunca podemos estar seguros de algunas cosas. Y esas cosas no se limitan a arrojar una moneda al aire. La vida está llena de situaciones que tienen resultados inciertos. Por tanto, acostumbramos confundir la habilidad con la suerte.

Por ejemplo: lees un boletín de compraventa de acciones. Incluye una serie de predicciones excelentes. Ganas mucho dinero y recomiendas el boletín a tus amigos. Ellos siguen tu consejo y pierden una fortuna. ¿Tu buena fortuna se debió a la habilidad de los autores o a la suerte? O considera este otro ejemplo. Te suscribes a una agencia de citas en línea. Tienes una sucesión de malas citas, de manera que concluyes que la agencia no es muy buena. Adviertes a tu amiga soltera que se mantenga alejada de ese sitio de internet. Ella ignora tu consejo, se inscribe y conoce a su futuro marido. ¿Fue mala la agencia o fuiste tú?

En otras palabras: cuando las cosas nos salen bien, vemos patrones donde no existen. Después creamos explicaciones para esos patrones percibidos y tomamos decisiones mal informadas con base en nuestros razonamientos. Y cuando las cosas no nos salen bien, culpamos a otras personas. Por tanto, no consideramos que nuestros errores sean errores y no aprendemos de ellos.

> *Cuando las cosas nos salen bien,*
> *vemos patrones donde no existen.*

Nuestra capacidad para identificar patrones y sacar conclusiones puede ayudarnos o perjudicarnos. Sin ella no percibiríamos correlaciones entre nuestras acciones y los resultados. No existirían reglas para el éxito ni razones para planear. Sin embargo, por otra parte, nuestra sensibilidad hacia los patrones nos dificulta reconocer la suerte. Es una situación complicada.

Pero comprende lo siguiente: la vida siempre es incierta. Por tanto, nunca sabremos con seguridad si nuestras acciones producirán resultados exitosos. Pero que quede muy claro: podemos estar seguros de que algunas cosas ocurrirán con regularidad. Por ejemplo: si te sales de un avión en vuelo, te estrellarás en el suelo.

Si te muerdes la lengua, te dolerá. De igual manera, en lo que se refiere a vivir una vida más satisfactoria, si realizas acciones sabias establecerás una diferencia.

Pero lo más importante es que comprendas que si experimentas una sucesión de fracasos en la vida, puede no ser culpa tuya o de otra persona; quizá sea la aleatoriedad de la naturaleza en acción. Entonces, no lo tomes personal, no pienses que la vida es injusta o que te castiga. No permitas que la mala suerte deprecie tu valor como persona. Recuerda: el mundo no es injusto; es lo que es. Lo injusto es tu interpretación.

CAPÍTULO 52

Dominio

El dominio de cualquier cosa requiere tiempo, concentración y energía. Es un camino largo y arduo. De hecho, no tiene final. Y es más un ideal que una realidad. Siempre existe un nivel más alto al cual puedes aspirar. Entonces, ¿para qué molestarse? Para algunos, la motivación proviene de la necesidad de ser reconocidos como expertos, de ser los mejores o de ganarse el respeto de los demás. Sin embargo, el dominio es mucho más que un título rimbombante y tiene recompensas que van mucho más allá del estatus.

Compréndelo: para dominar al mundo "exterior" tienes que dominar tu mundo "interior". En otras palabras, necesitas disciplina mental. Y eso es justo lo que la búsqueda de dominio desarrolla: una voluntad y una determinación muy fuertes. Es una fortaleza que resulta muy conveniente en todas las áreas de la vida. Tiene el poder de liberarte de tus impulsos, malos hábitos y conflictos emocionales. Sin embargo, que quede claro: al final no dominas una habilidad o destreza, sino a ti mismo.

En cierto sentido, cada uno de nosotros es un maestro. Eso se debe a que, con el fin de aprender cómo hablar, leer y escribir, tuvimos que experimentar el proceso de dominio. Quizá no fuiste consciente de dicho proceso mientras aprendías tu lengua nativa, pero sabrás con exactitud de lo que te hablo si aprendes un idioma extranjero en la edad adulta.

Al principio es raro y difícil. Confundes los tiempos. Te esfuerzas para encontrar las palabras correctas.

No obstante, con perseverancia y repetición, se vuelve más fácil. Con el tiempo, las palabras llegan de forma natural.

Para dominar cualquier destreza, tarea o habilidad, tienes que pasar por el mismo proceso. Requiere horas de práctica y a menudo el progreso visible será lento o pequeño. Sin embargo, la mejora llega con la perseverancia. En cierto sentido, el dominio es solo un sinónimo de persistencia. Hay que tolerar horas de repetición. Tienes que continuar con tu avance, incluso durante los momentos aburridos. En ocasiones sentirás ganas de renunciar, en especial cuando llegues a una meseta; es decir, a un punto donde no percibas mejoras ni retrocesos. Pero incluso si no encuentras señales visibles de progreso, confía en el proceso: tú mejoras. Entonces, resiste. Con mucha frecuencia, a una meseta sigue un brote súbito de aprendizaje. Y cuando mejoras en la tarea o destreza, el proceso se vuelve más placentero.

> *Tienes que estar dispuesto*
> *a soportar una etapa incómoda.*

La verdadera satisfacción puede encontrarse en el proceso de dominio. Y siempre existe algo que puedes proponerte dominar en la vida. Sin embargo, antes de que inicies, ten presente lo siguiente: tienes que estar dispuesto a soportar una etapa incómoda. No hay escape para los lapsos aburridos en el camino. No hay atajos. Vas a requerir compromiso. Pero recuerda: los beneficios de este proceso superan por mucho las distracciones que podrían tentarte a renunciar.

CAPÍTULO 53

Desapego

Contrario a la creencia popular, el desapego no tiene nada que ver con tener cosas y sí mucho con tus opiniones sobre lo que tienes. Por ejemplo: si posees una buena cantidad de dinero, no hay nada de malo en ello pero estarías apegado si no pudieras imaginar tu vida sin él. Lo mismo aplica a todas tus posesiones. Si no puedes vivir sin ellas, estás apegado a ellas.

El desapego es saludable. Los beneficios son evidentes. Te brinda libertad. Te protege de las personas manipuladoras. Ahorra tu energía y te mantiene cuerdo.

Cuando echamos un sobrio vistazo a las cosas a las cuales nos apegamos, es en verdad extraño. Nos apegamos a la silla en la cual nos sentamos con regularidad, al lado de la cama donde solemos dormir o incluso a la taza de la cual bebemos. Sin embargo, la mayoría de la gente no cree estar apegada a este tipo de cosas. Y puedo ver por qué. Enfrentémoslo: si en verdad tuvieras que vivir sin sentarte en esa silla, sin dormir en tu lado de la cama o sin tus preciadas posesiones, pronto renunciarías a ellas. No obstante, la pregunta clave es: "¿Cuán pronto?". Un buen barómetro para evaluar tu nivel de apego es averiguar cuánto tiempo te toma superar una pérdida.

Pero que quede claro: renunciar a las cosas no es lo mismo que evitarlas. Así que si no pudieras dormir en tu lado preferido de la cama, desapego no significaría que durmieras en el sofá; es decir, que evitaras la situación. Eso sería desconexión. El desapego sería quedarte en esa cama, renunciar a tu preferencia y no quejarte por ello. Como puedes ver, el desapego implica un cambio de actitud.

Ahora, esta idea podría no ser una gran revelación cuando se aplica a tus preferencias, pero sí es revolucionaria cuando se aplica a tus pensamientos.

Déjame que te explique. La mente humana está llena de pensamientos y estos tienen el poder de impulsar tu conducta. Por ejemplo, algunas personas creen que es mejor dar que recibir; por tanto, se muestran renuentes a pedir algo cuando más lo necesitan. Otras piensan que el amor perfecto existe; por tanto, una relación tras otra les causa resentimientos. Hay quienes creen que no deberían sentir dolor; por tanto, desarrollan estrategias para evitar el dolor que les impide tomar decisiones saludables.

El problema es que no pensamos dos veces nuestras ideas. No nos damos cuenta de que estamos apegados a ellas y no vemos cómo dirigen nuestra vida. Sin embargo, existe una salida, un sendero de desapego y es a través de la conciencia y del aprendizaje para soltar. Lo anterior no significa que debas intentar detener tus pensamientos negativos y sustituirlos por ideas positivas. Solo debes comprender que los pensamientos no son cosas. No tienes que aferrarte a ellos y tampoco permitir que ellos se aferren a ti.

> *Los pensamientos no son cosas.*
> *No tienes que aferrarte a ellos y tampoco*
> *permitir que ellos se aferren a ti.*

Sabrás cuando progresas a lo largo del camino del desapego porque tus pensamientos y preferencias no tendrán una fuerte influencia emocional sobre ti. No obstante, debes ser realista porque siempre estarás apegado a algunas cosas; por ejemplo, a tu cuerpo o a la vida. Todo lo que en realidad tienes que hacer es mantener al mínimo tu apego a los objetos, pensamientos y preferencias.

Una última palabra: también es sabio no apegarte a la gente. Lo anterior puede parecerte frío pero, entiende que el desapego hacia una relación no significa crear distancia, desconectarse o tener un pie adentro y otro afuera. Eso es desconexión. Significa estar comprometido por completo sin permitir que tu valor personal o tu felicidad dependan de otra persona. El desapego brinda espacio para respirar y oportunidad de florecer a la relación.

CAPÍTULO 54

Paz

La paz mental no proviene del deseo de cambiar o controlar las cosas sino simplemente de aceptarlas tal como son. Sin embargo, la aceptación no es apatía. No es falta de interés, entusiasmo o preocupación. Significa aceptar la manera en que son las cosas en este momento, sin sentirte resentido, frustrado o irritado.

La aceptación te brinda la experiencia de la paz verdadera. Te libera de la preocupación. Cuando te abrumas lo único que consigues es hacer más grandes los problemas que lo que son en realidad. Por tanto, en lugar de preocuparte, controla lo que puedas controlar y luego siéntate y permite que la vida se revele a sí misma.

En realidad hay situaciones en las que no hay mucho más que puedas hacer. Sin embargo, puedes empeorar las circunstancias si te dedicas a quejarte de lo que no está bien. Compréndelo: la paz mental proviene de saber que la vida no siempre estará bajo tu control total. En ocasiones tienes que soltar las riendas y permitir que la vida las tome. Encontrarás tranquilidad si adoptas esa actitud.

La paz termina cuando te vuelves demasiado emotivo. No te equivoques. No hay nada de malo en sentir emociones fuertes *per se*. No obstante, si deseas una existencia más saludable y plena en este planeta, resulta útil aprender a no permitir que las emociones te arrebaten. La conciencia puede ayudar.

Con conciencia, puedes observar tus emociones. Puedes volverte un observador desapegado, libre del fuerte impulso. Para desarrollar esta habilidad, observa lo que sucede en el momento. Etiqueta o reporta tu conducta, pensamientos y sentimientos a medida que ocurren. Di para ti mismo: "Me siento enojado/irritado/molesto/atónito". Después analiza las sensaciones corporales que acompañan a estos pensamientos. Esta perspectiva sobre los eventos emocionales lleva a tomar mejores decisiones y a mostrar un comportamiento más constructivo. No obstante, requiere práctica. Por tanto, no seas severo contigo mismo si comprendes el razonamiento pero no puedes ponerlo en acción de inmediato. Hazlo poco a poco, y la mejora llegará con perseverancia.

Cuando prestamos atención al momento presente encontramos paz. Nos liberamos de la preocupación, del juicio y de la lucha por llegar. En cierto sentido, las cosas a las cuales no prestamos atención no existen para nosotros. Fuera de la vista, fuera de la mente y fuera de nuestro mundo. Tal vez ese sea el motivo por el cual la gente entierra la cabeza en la arena cuando quiere escapar de experiencias desagradables. Sin embargo, lo anterior no se refiere a evitar las dificultades de la vida sino a contemplarlas con el rabillo del ojo y a decir: "Ya te vi", para luego responder de una manera apropiada. Que quede claro: reaccionar desequilibradamente es la ruta más rápida para perder tu estado de tranquilidad.

*Cuando prestamos atención
al momento presente encontramos paz.*

Recuerda: hay una parte de ti que es perfecta, tranquila y serena. Permanece inmutable ante las tormentas y los fuertes vientos que soplan sobre ti en la vida. Entonces, cuando las cosas se acumulen tanto que se vuelvan imposibles de manejar, refúgiate en las profundidades de tu interior. Conéctate con tu conciencia pura.

Es en el núcleo de tu ser donde encontrarás la claridad mental que necesitarás para mejorar tu situación. Deshazte de las capas de tus pensamientos y actitudes habituales. Toma una nueva perspectiva. Reencuadra. Ese es el camino hacia una existencia más pacífica.

CAPÍTULO 55

Poder

A menudo el poder es malentendido, principalmente porque las personas a quienes distinguimos por él suelen ser las que abusan de él. Sin embargo, el poder puede ser una fuerza para el bien. Ponlo en las manos adecuadas y puede generar cambios positivos. Por ejemplo, los padres lo utilizan para influir en el carácter y en el desarrollo de sus hijos. Los líderes lo emplean con habilidad para dar avance a los intereses de sus organizaciones. Los ejecutivos de ventas influyen en las decisiones de compra de sus clientes. Cuando lo percibimos como la capacidad para influir, lo vemos bajo una luz más positiva.

El poder es bueno para tu salud.
Lo necesitas para realizar cambios positivos en tu vida.

Sin embargo, no solo se refiere a otras personas. También es importante para tu propia sensación de bienestar. El poder nos brinda una sensación de control sobre nuestro ambiente. Y, como muchos estudios psicológicos han demostrado, la gente con una sensación de control es más saludable y vive una vida más satisfactoria. Por el contrario, cuando las personas se encuentran en una posición de poco control, se estresan y se vuelven menos confiadas en sí mismas. En otras palabras: el poder es bueno para tu salud. Lo necesitas para realizar cambios positivos en tu vida. Entonces, no renuncies al tuyo con tanta facilidad.

Para algunas personas, la simple idea de defender su opinión y luchar por el poder es suficiente para hacerlas retroceder. Su búsqueda no es para todo el mundo. Todos tenemos diferentes niveles de necesidad de poder. Unas personas disfrutan influir en otras para que las cosas se hagan. Otras únicamente desean una vida apacible y son felices con solo hacer lo que se les ordena. La mayoría de la gente odia pelear. Evade con timidez las situaciones de conflicto. Por tanto, si puedes manejar el conflicto, tienes una ventaja respecto de tus colegas si aspiras a ser un líder.

Pero incluso si no te propones convertirte en líder o en tener gran influencia, es sabio protegerte de aquellos que podrían intentar abusar de ti. Por ejemplo, en nuestras relaciones personales, en ocasiones tenemos que lidiar con gente que intenta manipularnos o explotarnos. Con frecuencia, en el trabajo debemos enfrentarnos a jefes y compañeros de trabajo que pretenden utilizarnos como peones. Así que prepárate. Esta es la manera de hacerlo.

En general, renuncias a tu poder cuando te preocupan demasiado las opiniones de otras personas. Desde luego, es importante desarrollar una buena reputación y manejar las percepciones de los demás.

Sin embargo, cuando exageramos en nuestro esfuerzo por complacer a otros individuos o por vernos bien, quedamos vulnerables al abuso. Para protegerte, haz lo siguiente: fórmate tu propia opinión sobre tu persona. No permitas que los demás determinen tu valor. Recuerda: la confianza genuina proviene del interior y también el poder genuino.

> *No permitas que los demás determinen tu valor propio.*

Y si aspiras a convertirte en líder o en figura de influencia, entiende que una persona compasiva ejerce más poder que una con músculos. En el karate aprendes que el poder no radica en ser fuerte, sino en el uso adecuado de la fuerza. Hay más poder en una mano extendida que en un puño cerrado. Y no me refiero a un golpe con el costado de la mano contra el golpe de un puño. Cuando se utiliza de forma compasiva, el poder es una fuerza formidable. Tiene el potencial de mejorar la vida de muchas personas.

CAPÍTULO 56

Propósito

¿Cuál es el punto? ¿Hay un punto? Muy pocas personas viven sin formularse preguntas acerca de por qué existen. Quizá nunca tengamos para ellas una respuesta definitiva. Sin embargo, mientras tanto, podemos utilizar lo que sabemos para aprovechar la vida al máximo.

Las investigaciones sugieren que convertirnos en lo que podemos ser y dar algo como retribución son las principales maneras de sentirnos plenos en la vida. El problema es que muy pocos individuos saben quiénes son, por no hablar de aquello en lo que pueden convertirse. La mayoría de las personas está tan influidas por las opiniones de los demás que pierden de vista quiénes son como individuos. Además reciben la influencia de las normas sociales o de las formas aceptadas de vivir y trabajar. Ya sabes: el trabajo estable, el ingreso estable, la relación estable, etcétera. Pronto, nuestra vida se vuelve tan estable que no se mueve. Se estanca. Carece de propósito y pasión.

Todos tenemos algo que ofrecer al mundo; sin embargo, tú eres el único que decide lo que es. No tu profesor, padre o cónyuge. Es posible que ya sepas cuál es tu propósito pero, a causa de la falta de apoyo o de motivación, has renunciado a vivirlo. No obstante, así como no deberías dedicar tu vida a complacer a otras personas, no esperes que los demás hagan lo que tú deseas.

Cuando te comprometes con un camino, si es el adecuado, la vida te ofrecerá el apoyo que necesites. Por tanto, no te reprimas. Recuerda: todos podemos establecer una diferencia.

> *Cuando te comprometes con un camino,*
> *si es el adecuado, la vida te ofrecerá*
> *el apoyo que necesites.*

Por tanto, si careces de un propósito más allá de pagar las cuentas, ahora es tu momento indicado para encontrarlo. Puede encontrarse oculto, pero lo anterior no significa que no puedas encontrarlo. Solo que tienes que saber dónde buscarlo. Y el mejor lugar para comenzar es el pasado. Recuerda momentos en que te sentirse profundamente satisfecho y pleno. ¿Qué *hacías*? ¿Qué *eras*? Recopila suficientes ejemplos y pronto identificarás un patrón. Notarás que existen numerosas actividades que te permiten ser determinado tipo de persona y sentirte grandioso al respecto. Esa es la clave para descubrir tus talentos.

Ahora, una vez que ya conoces tus talentos, tu tarea es desarrollar lo mejor de ellos. Entonces, si puedes escribir bien, trabaja escribiendo. Si puedes enseñar bien, trabaja en la docencia. Si puedes entretener bien, trabaja en el entretenimiento. Después encuentra un camino para desplegar tus talentos en el mundo para el bien de los demás. El propósito se refiere a dar y recibir. Y, estoy seguro de que ya lo sabes, obtendrás más satisfacción al dar a los demás que al recibir para ti mismo.

Eso es el propósito en pocas palabras. Descubre. Desarrolla. Despliega. Me refiero a tus talentos más positivos y benéficos, desde luego.

CAPÍTULO 57

Éxito

¿Recuerdas lo que querías ser cuando eras niño? Yo sí. En aquel entonces, para mí, cualquier cosa parecía posible. Yo quería ser músico, actor, artista plástico, médico y, para nada, escritor. Sin embargo, la edad poco a poco redujo esas opciones cuando me percaté de que el potencial y la pasión eran más importantes que la posibilidad.

Entonces, de improviso, la edad me golpeó de nuevo. La posibilidad se transformó en una horrible bestia: la imposibilidad. En esa época, al igual que mi edad, el potencial y la pasión no estaban a mi favor. Tenía 30 años de edad y una lesión que limitó mi carrera, por lo cual nunca me convertiría en un campeón mundial de karate. Allí terminó todo. Alto total. Pero, ¿cómo pudo suceder eso? Yo tenía el talento, el deseo y la motivación. Había entrenado con el mejor y había combatido contra el mejor, pero nunca podría ser el número uno del mundo. Perdí ese barco. En pocas palabras: nunca podría satisfacer mi potencial.

En vano intenté consolarme con los motivos por los cuales aquello nunca sucedería. Pero aún duele. Ante mis ojos, yo había fracasado. Y ningún aprendizaje de mis errores iba a ayudarme.

Cuando has perdido el barco, has perdido el barco. No es que yo creyera que era un fracasado total. Hubiera podido elaborar una lista de logros que habrían enorgullecido a cualquier madre. Sin embargo, en esa etapa de mi vida, yo no lo apreciaba en su totalidad.

El éxito no significa obtener algo: un título, fama o seguridad financiera. Significa ir tras tu sueño con todo tu corazón (y tu cabeza) con la seguridad de que, si no lo logras, siempre tendrás algo que ofrecer. En esta mentalidad hay muy poco espacio para la decepción. Verás, tanto si das en el blanco como si no, siempre tendrás algo para dar. Desde luego, en mi caso fue demasiado tarde para aprender de mis errores e intentarlo de nuevo. No obstante, no fue demasiado tarde para mostrar a otras personas cómo evitarlos.

Considéralo de esta manera: el éxito genuino no se refiere al premio sino a la persona en quien te conviertes como jugador. Ese es el enigma. No participas para demostrar nada, como ser el mejor, el campeón mundial o lo que sea. Participas para que un día puedas demostrar en quién te has convertido. Y tu demostración será tu enseñanza. Recuerda: la conducta es contagiosa. La excelencia en ti nutrirá la excelencia en otras personas. Tanto si eres el número uno del mundo como si no, tú serás el impulso de confianza que otros necesitan. Tú estimularás la mentalidad de "si él puede hacerlo, yo también puedo".

El éxito genuino no se refiere al premio sino a la persona en quien te conviertes como jugador.

Compréndelo, si existe una ruta segura hacia el éxito, es la siguiente: encuentra tu talento, desarróllalo y ofrece al mundo la persona en quien te has convertido en el proceso, para el bien de los demás y el propio.

CAPÍTULO 58

Tiempo

El tiempo es un misterio. No se puede ver, tocar, escuchar u oler. Sin embargo, la mayoría de la gente cree en él. Piensa que existe un gran reloj "allá afuera" que marca la hora correcta. Cuando, en la realidad, no existe tal cosa. De hecho, el tiempo es nada; pero, en nuestro mundo, lo es todo. Toda nuestra existencia está organizada a su alrededor.

Cuando lo analizamos con detenimiento podemos ver que es un constructo de la mente humana. No es más que un concepto, una idea, para describir el proceso de cambio. Piénsalo. ¿Cómo lo contamos?

Lo contamos al observar al sol, a la luna o a los solsticios cambiantes. Sin embargo, esas "llegadas" y "partidas" no caben en unidades con separaciones iguales, de tal manera que nosotros falsificamos las cifras para imponer un orden a un mundo que no es tan ordenado como nosotros quisiéramos.

Por ejemplo, cada mes lunar dura alrededor de 29.5 días solares; sin embargo, nosotros manipulamos con torpeza los días dentro de un mes para tener 12 meses en un año. Decimos que hay 365 días en un año, y con ello explicamos que la Tierra tarda 365 días en dar una vuelta completa alrededor del sol. Cuando, en realidad, le toma 365☐ días. Lo anterior significa que cada año ganamos un cuarto de día. Entonces, una vez más, manipulamos las cifras y cada cuatro años agregamos un día al mes más corto: febrero. Literalmente, recuperamos el tiempo.

El tiempo puede no ser real pero en realidad es importante. De hecho, la mayoría de nosotros no haríamos muchas cosas sin él. En todos los sentidos del mundo necesitamos fechas límite. Necesitamos el temor de no lograrlo, el temor de que se nos acabe antes de poder utilizarlo de la mejor manera. Sin embargo, el tiempo tiene otros beneficios. Nos facilita el hecho de comunicarnos, coordinarnos y reunirnos. Es una medida de progreso. Y también es un gran sanador.

Lo cierto es que el tiempo tiene sus usos. No obstante, si no eres cuidadoso, puede empezar a usarte. Como sabes, para la mayoría de la gente hay demasiado por hacer y tiempo insuficiente. Por tanto, en lugar de sentirse motivada por él, siente su presión. Para otras personas no hay suficiente por hacer y demasiado tiempo. Entonces, en lugar de sentir que tienen tiempo libre, se aburren y sufren por tener demasiado. Pensamos que así es como son las cosas pero no tenemos que experimentarlo de esa manera. No tienes que ser utilizado por las horas, los minutos y los segundos.

Verás, el tiempo es un producto de la mente. Cambia esta y cambiarás tu percepción del tiempo. Entonces, deshazte de los pensamientos de urgencias de tiempo: "El tiempo se acaba", "No hay suficiente tiempo", etcétera y quédate en el presente: si comes, solo come. Si piensas, solo piensa. Esa es la manera de escapar a las cadenas del tiempo.

El tiempo es un producto de la mente.
Cambia tu mente y cambiarás tu percepción del tiempo.

Y si crees que cuentas con demasiado tiempo entre tus manos, deja de luchar contra ello. Haz una pausa. Deja de luchar.

Sal del flujo del tiempo. Recuerda: quizá tengas menos por *hacer* pero siempre hay más que puedes *ser*.

Compréndelo: lo que anhelamos no es más o menos tiempo. Lo que queremos es librarnos de él. Entonces, salte de la ilusión del tiempo pero continúa viviendo con él, libre de su capacidad para controlarte.

CAPÍTULO 59

Valores

¿Qué es lo que valoras en la vida? Para algunos es la familia y los amigos. Para otros es la libertad de elegir y la independencia. Todos valoramos algo y con frecuencia descubrimos que nuestra vida gravita de forma natural hacia lo que es más importante para nosotros. Sin embargo, en ocasiones permitimos que las opiniones y las expectativas de los demás nos alejen de lo que más nos importa. Somos criaturas extrañas. Incluso adquirimos deudas para obtener cosas que impresionen a personas que no nos agradan. Sin embargo, si no somos fieles a nuestros valores, nunca nos sentiremos plenos.

A menudo descubrimos que hacemos cosas porque eso es lo que otras personas desean de nosotros. Por ejemplo, quizá tuviste padres que creyeron que era importante que estudiaras determinada carrera profesional; por tanto, te motivaron para que siguieras cierto camino. Tal vez no quisiste decepcionar a tus padres e hiciste lo que ellos te indicaron. Y ahora descubres que odias tu trabajo o profesión. Con demasiada frecuencia intentamos complacer a otras personas y perdemos de vista lo que deseamos hacer. Luego terminamos por sentirnos miserables e insatisfechos.

Compréndelo: sin importar lo que hagas o adónde te dirijas, cualquier acción que realices es para satisfacer una necesidad. Si la acción que realices es exitosa y satisfaces tu necesidad, sientes placer. Si no lo consigues, sientes dolor.

Tomemos el alimento como ejemplo. Es una necesidad básica. Todos sentimos la necesidad de sobrevivir y la alimentación nos ayuda a ello. Para satisfacerla, quizá decidas trabajar. Y, si lo haces, el trabajo que elijas será para satisfacer una necesidad de más alto nivel. Digamos que puedes tener una necesidad de reconocimiento. No una palmada en la espalda por parte del jefe, sino la necesidad de ver tu rostro en una pantalla, en los periódicos, etcétera. Y si te interesara la música y tuvieras buena voz, quizá consideraras hacer una carrera como cantante porque esa profesión incrementaría tus probabilidades de estar ante los ojos del público.

Sin embargo, si tu necesidad de reconocimiento no fue satisfecha en cualesquiera otras áreas de tu vida y fue una necesidad muy fuerte, quizá te sientas tentado a buscar una solución rápida. Tal vez hagas algo que vaya contra tus valores pero que satisfaga tu necesidad. El punto importante es el siguiente: en ocasiones, tu deseo de satisfacer una necesidad puede apartarte de tus valores. Una necesidad siempre tendrá un atractivo más fuerte que un valor. No obstante, ambos deben alinearse para lograr una satisfacción óptima en la vida.

En ocasiones, tu deseo de satisfacer una necesidad puede apartarte de tus valores.

¿Tus necesidades están alineadas con tus valores? Si no es así, ¿qué factores contribuyen a que no lo estén? Considera la severidad de cada desajuste y qué pasos puedes dar para corregirlos. Identifica siempre tus necesidades primordiales y alínealas con lo que creas que es sumamente importante para ti en la vida. Después utiliza toda esa información para guiar tus decisiones y acciones. Recuerda: la vida siempre será más satisfactoria cuando tus necesidades y valores estén alineados.

CAPÍTULO 60

Sabiduría

La sabiduría es el pináculo del desarrollo humano y, sin pretenderlo, es el último capítulo de este libro. Pero, ¿qué es con exactitud la sabiduría? No es fácil de definir. De hecho, no existe un consenso de opiniones sobre lo que constituye pero la mayoría de la gente concuerda en que es importante. Quizá nunca seamos capaces de definirla de una manera concisa; sin embargo, lo anterior no significa que sea inconsistente o idealista. Como espero que el presente libro haya demostrado, la sabiduría es realista y tiene implicaciones prácticas para la vida cotidiana.

Cada uno de nosotros tiene una comprensión intuitiva de lo que significa la sabiduría y de qué aspecto tiene. El desafío, sin embargo, es convertir el conocimiento relacionado con la sabiduría en acción. No es una tarea fácil. Ninguno de nosotros nació sabio. La sabiduría se desarrolla a partir de la experiencia y la práctica. Entonces, mientras mayor sea una persona, más probable es que sea sabia. Pero, al mismo tiempo, la sabiduría no se mide por el número de canas en nuestra cabeza. No se nos concede en la edad avanzada. Como la mayoría de las demás cualidades humanas, tiene que adquirirse mediante la aplicación y una disposición para cambiar.

A medida que envejecemos, la sabiduría nos ayuda a prepararnos para el declive físico y, en última instancia, la muerte. Sin embargo, ¿para qué esperar hasta que te encuentres en la casa de retiro para adquirirla?

La mayoría de la gente invierte toda su juventud en obtener conocimiento. Y puedo ver el motivo: todos queremos vivir lo mejor posible. El conocimiento puede ayudarnos en ese propósito. Sin embargo, no comprendemos que el conocimiento es necesario para dominar al mundo exterior; sin embargo, la sabiduría es lo que necesitamos para dominar nuestro mundo interior. En palabras simples: si nuestro interior está desordenado, el conocimiento intelectual sirve de muy poco.

La sabiduría tiene que adquirirse mediante la aplicación y una disposición para cambiar.

Desde luego, el conocimiento puede ayudarte a tomar decisiones informadas acerca de cómo mejorar tu vida interior. Sin embargo, lo que cuenta es la capacidad para tomar ese conocimiento, juntar sus partes y ver el panorama completo. Verás, las personas sabias tienen perspectiva. Reúnen información para poder ver desde más que un punto de vista. Saben qué es lo que cuenta y qué deben ignorar. Llegan hasta el núcleo. Además, comprenden que adquirir conocimiento es un aspecto importante de la sabiduría. Sin embargo, lo crucial es que también comprenden que la gente inteligente no siempre es sabia.

Algo más acerca del "conocimiento". Los sabios comprenden que todo está abierto al cuestionamiento. Por tanto, renuncian a creer en el conocimiento absoluto. Con toda habilidad equilibran la idea de que no existe una conclusión sin caer en un barril sin fondo. En otras palabras, saben que hay más maneras de ver las cosas que las que podrían imaginar. Por tanto, se rehúsan a llegar a conclusiones precipitadas o a predicar su conocimiento como verdad. Reconocen que existen muchas cosas que desconocen. No obstante, son capaces de utilizar su comprensión actual para llevar la mejor vida posible. Como conclusión de este libro, espero que ese sea el caso para ti también.

Acerca del autor

Dean Cunningham es asesor de desarrollo personal, ex campeón británico de karate y atleta internacional. Se graduó de la Universidad de Londres con licenciatura y maestría en Economía y estudió japonés en la Universidad Keio en Tokio. Su carrera profesional como consultor en el campo del desempeño personal inició con Arthur Andersen (adquirida en el Reino Unido por Deloitte en 2002), lo cual lo llevó a establecer su propio negocio como asesor profesional. Puedes localizarlo en www.deancunningham.co.uk.

NOTAS

NOTAS

NOTAS

NOTAS

Esta edición se imprimió en febrero de 2012,
en Acabados Editoriales Tauro, S.A. de C.V.
Margarita Núm. 84, Col. Los Ángeles,
Del. Iztapalapa, C.P. 09360, México, D.F.

www.ingramcontent.com/pod-product-compliance
Lightning Source LLC
LaVergne TN
LVHW022340080426
835508LV00012BA/1290